Motivando A NUESTRA GENTE

J. R. Román

Editorial Vida

DEDICADOS A LA EXCELENCIA

ISBN 0-8297-1863-X

Categoría: Motivación

Edición en idioma español
© 1995 EDITORIAL VIDA
Deerfield, Florida 33442-8134

Cubierta diseñada por John Coté

Printed in the United States of America

99 00 01 02 * 09 08 07 06 05

ÍNDICE

PRESENTACIÓN

Durante los últimos veinte años J. R. Román se ha dedicado a estudiar la conducta humana, tomando cientos de seminarios, escuchando casetes y leyendo libros de especialistas en el desarrollo de los recursos humanos. J. R. Román ha sido contratado por cientos de compañías en los Estados Unidos, Puerto Rico y América Latina, adiestrando a más de doscientas cincuenta mil personas a cambiar sus actitudes y a establecer metas, despertando al gigante dormido que hay dentro de cada persona.

Comenta el señor Román: "No hay nada que me dé mayor satisfacción que el poder ayudar a la gente a descubrir el talento, las habilidades y los sueños que están dormidos dentro de ellos. A las personas no les han enseñado a descubrir el gigante que hay dentro de cada uno de nosotros."

Es presidente del *Hispanic Business Networking*, una organización que coordina actividades de negocios en el estado de la Florida, a través de la red de hispanos que reúne a más de seiscientos cincuenta mil comerciantes y profesionales en los Estados Unidos. Es el productor del programa de radio y televisión *Nuestra Gente*, el cual orienta a la comunidad hispana en el desarrollo de una mejor calidad de vida en los Estados Unidos, identificando oportunidades y recursos disponibles.

J. R. Román presidió la Fraternidad Cristiana de Hombres de Negocios, — capítulos de San Juan y de Orlando —, la cual tiene más de un millón de miembros en más de ciento treinta y cuatro países.

Su mensaje es claro. Enfatiza que somos los arquitectos y diseñadores de nuestra vida. Nuestro futuro será el resultado de las decisiones que tomemos. Siembre grandes sueños y recogerá grandes resultados.

1

SUS CAPACIDADES COMO PERSONA

Considero que el milagro y la creación más grande del mundo es el ser humano. Usted ha sido creado a semejanza de Dios y quiero que sepa que no hay nada sobre la tierra más importante que su persona. Entre los cinco mil millones de habitantes que hay en el planeta Tierra nadie es igual a usted.

Deseo llegar a lo profundo de su corazón. Quiero que entienda que no tengo otro propósito que no sea tocar las fibras más íntimas de su ser para desafiarlo a de conocer y reconocer el potencial que Dios le ha dado. El potencial que está durmiendo dentro de usted. Lo podemos describir como un gigante dormido que está deseoso de salir a conquistar una vida rica en experiencias, satisfacciones y felicidad.

Las cosas bellas que tenemos no se pueden medir en base a posesiones materiales: un automóvil, una casa propia, ropa elegante. Tenemos que medir esto como los recursos que toda persona tiene, y que tiene derecho a desarrollar y a utilizar para disfrutar de una calidad de vida exitosa. Al dirigirme a una persona tengo la capacidad de comunicar, pensar, mirar, hablar. Todo eso tiene un valor extraordinario. Pensemos sólo en nuestros ojos, por ejemplo. La vista es el televisor más fino del mundo. Los ojos tienen cerca de cien mil células reflectoras que nos permiten ver todo a color. Al hombre le tomó cerca de sesenta años desarrollar un televisor a color. En cambio nosotros, desde el primer día de nuestra vida, estamos mirando y viendo a todo color.

Imagínese cómo sería si no pudiera ver. Estoy seguro de que representaría una gran pérdida para usted no poder mirar a las personas. Los psicólogos dicen que los ojos son el espejo del alma. Mediante los ojos se comunica el amor que una persona tiene dentro de sí; también se comunica el coraje. Sólo con la mirada uno puede comunicar el disgusto que siente ante una situación inesperada.

No importa el color de sus ojos; pueden ser azules, verdes, marrones. Lo importante es que tienen la capacidad de ver. Le invito a levantarse cada mañanas y mirar el sol, mirar las plantas, mirar la gente buena que le rodea, y se dará cuenta de que hay algo superior a lo que podemos observar visualmente.

Además de los ojos, tenemos oídos. Los oídos detectan hasta los ruidos más mínimos, como el zumbido de un mosquito. Son veinticuatro mil filamentos que nos permiten recibir sonidos. Pero no escuchamos sólo un sonido a la vez; podemos escuchar varios sonidos simultáneamente.

Tenemos diferentes canales en nuestros oídos. Con esos canales podemos escuchar las sirenas de los bomberos, la televisión o la radio. Podemos escuchar cuando alguien nos está hablando por teléfono y prestarle atención sólo a lo que más nos interesa o nos llame la atención.

Este es un potencial de valor incalculable del cual goza el ser humano desde que nace; pero que quizás no valoriza ni utiliza en forma eficaz. Si usted estuviera sordo se daría cuenta del gran valor que tiene la capacidad de recibir tantos sonidos.

Le sugiero que haga un ejercicio para aumentar su capacidad auditiva. Aparte un minuto diario para escuchar detenidamente los ruidos y verá que desarrollará esa capacidad.

Usted tiene la capacidad de hablar un promedio de ciento cincuenta palabras por minuto. Sin embargo, puede escuchar cerca de setecientas palabras por minuto. Eso significa que tiene la capacidad de escuchar siete u ocho veces más de lo que puede hablar. ¡Imagínese! Su capacidad auditiva es cuatro o cinco veces mayor que la capacidad que tiene de comunicarse mediante sus labios.

Veamos ahora nuestro sistema respiratorio. Respirar es algo fabuloso. Especialmente cuando uno va caminando por la playa y las olas del mar le bañan los pies. También es maravilloso pasear en un parque y respirar ese olor a pino tan delicioso. Cuando salga a caminar, respire profundo. ¡Es el elíxir de la vida!

Al respirar utilizamos cerca de dos mil cuatrocientos galones de oxígeno. No he pagado un solo centavo por el oxígeno que en los últimos cuarenta años que llevo respirando y sé que usted tampoco ha tenido que pagar por el oxígeno que respira. Es una bendición de Dios que recibimos completamente gratis.

El oxígeno es lo que nos mantiene con vida. Sus dos pulmones están funcionando en este momento, ¿no es así? Y han estado funcionando durante toda su vida, desde que nació. Le invito a que tome dos minutos al día para respirar profundo y agradecer a Dios por ese regalo que lo mantiene con vida. Inhale y exhale suavemente por la boca. Le ayudará a fortalecer sus emociones y lo relajará.

Otro gran milagro es la pequeña bombita que bombea cerca de seis a siete millones de galones de sangre por su sistema. Me refiero al corazón. Es una bomba que funciona veinticuatro horas al día. Si el corazón deja de funcionar, pues, uno mismo deja de funcionar. ¡Se acabó el sistema! Si su corazón funciona las veinticuatro horas del día, tiene vida. Eso tiene un inmenso valor.

Siga observándose y vea su sistema digestivo. Imagínese que lo está viendo como en un muñeco de laboratorio de biología en una clase de anatomía en la universidad. El sistema digestivo tiene cientos de metros de intestino. Es un sistema que elimina todo lo que no se necesita y que utiliza todo lo bueno. ¡Qué fabuloso! Ese laboratorio tan fino y tan especial costaría millones de dólares si lo armaríamos. Sólo Dios sabe su verdadero valor.

¿Sabe que tiene 208 huesos, 500 músculos y 7.000 nervios? Ha visto que su cuerpo está protegido por la piel, ¿no es así? Eso tiene un valor incalculable. Le invito a que salga a caminar todos los días durante quince minutos. Respire. Mueva ese cuerpo maravilloso que Dios le ha dado y su circulación será perfecta. Ejercite su cuerpo y se sentirá más fuerte y más descansado, y podrá controlar su colesterol.

Si sigue mirándose y viendo todo lo que tiene, observará la capacidad de pensar. Hay una maquinita que es su cerebro — su mente —, que pesa sólo 56 onzas (cerca de tres y media libras) y se compone de un promedio de diez mil millones de células que regulan el sistema nervioso. El cerebro le da la oportunidad de pensar, y de acumular ideas y experiencias ¿Sabía que tiene más de doscientas mil horas grabadas en su mente?

Leí recientemente en un libro que para igualar la capacidad que tiene nuestra mente necesitaríamos un edificio de por lo menos cien pisos lleno de computadoras. Eso significa que el arquitecto que nos diseñó, lo hizo muy bien. En un espacio muy pequeño, en nuestra mente, está acumulada la historia de nuestra vida.

Desde antes que usted naciera, desde que estuvo en el vientre de su madre, ya empezó a recibir información. Cuando usted nació, comenzó a recordar lo que le sucedía y tuvo la oportunidad de relacionarse con su familia y con la comunidad, además de ir ganando experiencias.

Esas experiencias, esos pensamientos, le dan una referencia, unas creencias y unas habilidades que van a desarrollando su carácter. Todas las experiencias las tiene almacendas en su mente. ¿Sabe qué? Comparo al cerebro con un casete de video. Ahora mismo usted puede pensar en el día cuando le regalaron su primera bicicleta, o la primera muñeca, o cuando por primera vez salió de viaje, o cuando se ganó algún premio por ser un excelente atleta. Todas las experiencias de la niñez se acumulan y se recuerdan.

Los psicólogos dicen que en los primeros cinco años de vida, en las primeras 43,800 horas, el ser humano desarrolla una cantidad de experiencias que son el fundamento de su carácter. Eso significa que el sesenta y dos por ciento del carácter de una persona tiene una relación directa con lo que la persona pensó, vivió y desarrolló en su niñez. Significa que los primeros cinco años de vida son muy importantes para que el niño pueda desarrollar buenos hábitos, conceptos, creencias, referencias y actitudes positivas. Lo que vea de su familia y lo que le rodee va a causar un impacto en su modo de pensar y en su carácter, ya sea positivo o negativo.

Como seres humanos no sólo tenemos la capacidad de recordar cuando teníamos cinco o seis años de edad sino que podemos recordar cuando nos graduamos de la secundaria; podemos recordar también cuando estudiábamos en la universidad y cuando llegamos a nuestro primer trabajo. Los casados pueden recordar su noviazgo y su casamiento.

Cierta persona que participó en uno de mis seminarios me contó del día en que se casó, lo cual recordaba con mucho cariño. Fue un sábado en la mañana, a eso de las nueve, treinta años antes. Lleva 10.950 días casado con la misma persona y recuerda muy vívidamente el momento ante el ministro que los casó; recuerda que hizo un pacto ante Dios y ante su compañera de que iba a serle fiel por el resto de su vida. A pesar de que hizo ese pacto hace treinta años, lo tiene grabado y lo recuerda como si hubiera sido ayer. Eso me confirma que realmente tenemos la capacidad de recordar nuestras experiencias, sean positivas o negativas.

En una conferencia que ofrecí a un grupo de mujeres de negocios traté de confirmar si tenían la misma capacidad que ese señor que se casó hace treinta años. Les pregunté si alguna de ellas se acordaba cuando nació su primer hijo. Muchas de las damas alzaron la mano. Luego le pregunté a una de ellas lo que sintió cuando le trajeron la criaturita y pudo abrazarla y tenerla cerca de sí. Ella se rió. De momento creí que era un chiste; pero se ruborizó y le comenzaron a salir lágrimas por los ojos. En cuestión de segundos pudo ver a ese pequeño bebé que hoy quizás tiene dieciséis o diecisiete años. La llegada del primer hijo fue una esperanza; un regalo de Dios. Recordó esa oportunidad cuando llegó a ser madre; cuando se unió al equipo de mujeres victoriosas que han sido bendecidas con la posibilidad de procrear.

Para esa señora, el nacimiento de su hijo fue una de las experiencias más bellas de su vida. Fue grandioso cuando le trajeron ese pedacito de bebé, esa parte de su cuerpo. Dice ella: "Ese muchacho es algo mío. A pesar de que ya es joven, es parte de mi vida, parte de mi ser. El amor que siento por él es un amor muy distinto al amor que siento por mi esposo, o el amor que tengo hacia mi familia; es el amor de Dios."

Le pongo estos ejemplos para que se dé cuenta de que tiene la capacidad de almacenar experiencias y pensamientos, y que puede recordar cosas bellas.

Los momentos felices que hemos vivido, y que estamos viviendo, serán nuestros recuerdos en el futuro.

Cuando me pongo a pensar en las cosas bellas que tengo, reconozco que Dios me ha bendecido en gran manera. No solamente a nivel profesional y familiar — mi esposa, mis hijos, el negocio —, sino que me ha dado la oportunidad de conocerlo y de servirle.

Los momentos felices que hemos vivido y que estamos viviendo, serán nuestros recuerdos en el futuro. Pero nuestra capacidad no es sólo de recordar lo que sucedió en el pasado; tenemos también la capacidad de planificar e imaginarnos lo que va a pasar en el futuro. Personalmente tengo una meta para los mil quinientos días que faltan del siglo veinte. Me propongo llevar a nuestra gente un mensaje de revitalización, de renovación y de cambio de actitudes. Deseo llevar un mensaje de cambio de hábitos y un mensaje de esperanza.

Deseo darle el mensaje de que usted tiene derecho a ser feliz; que tiene derecho a planificar su vida; que tiene derecho a conquistar el futuro; y que es responsabilidad suya, ante su familia y ante Dios, conquistar lo que le pertenece.

Le presento esta obra con esa meta en mente. Deseo que miles de personas puedan recibir este mensaje, para que puedan evaluar su futuro y allanar el camino a una vida más exitosa. Deseo contribuir a mejorar la calidad de la vida de cada persona que se comprometa a ser un excelente ciudadano, un excelente padre o madre, un excelente compañero de trabajo. Deseo lograr que más de trescientos millones de hispanos en América Latina se comprometan a dar lo mejor de lo mejor, para que pasen así a ser ciudadanos de primera categoría.

Un país no es bueno ni grande por el tamaño de su territorio, por sus tesoros ni por los recursos económicos que tenga. Un país es grande cuando sus habitantes se unen con unos objetivos reales y en un compromiso de poder contribuir al fortalecimiento y al crecimiento de su familia, de su pueblo y de su gente.

Cuando usted empieza a buscar dentro de sí mismo la respuesta a su vida se dará cuenta de una cosa: que es el arquitecto del futuro de su vida. Usted es el diseñador, el artista principal de la película de su vida. Es el escritor y, a veces, tiene que escribir un libro con muchas lágrimas, con muchos dolores de cabeza, con muchos sacrificios; pero ese libro es suyo, es la historia de su vida.

Las sencillas contribuciones, como una palabra de motivación o un refuerzo positivo, valen mucho más que miles de dólares.

Quisiera que usted entienda que es la persona responsable por el futuro de su vida. Levante la cabeza y diga: "Tengo que empezar a dar más." Tenemos que utilizar lo que Dios nos ha dado para compartirlo con nuestra gente.

No me refiero a dar dinero o posesiones. Por ejemplo, creo que con una sonrisa, sencillamente con una sonrisa, podemos dar un estímulo genuino a muchas personas. Quizás esa sonrisa las fortalezca en momentos de angustia, de desesperación, y les dé la oportunidad de evaluar lo que están por hacer. Esa sonrisa les dirá que todavía hay personas que les aman y les respetan.

Le invito a que se sonría frente a un espejo por un minuto por lo menos tres veces al día. Le garantizo que mejorará su autoimagen y que se va a sentir extraordinariamente descansado.

Las sencillas contribuciones, como una palabra de motivación o un refuerzo positivo, valen mucho más que miles de dólares. Eso me ha sucedido en muchas ocasiones.

Quisiera que usted entienda que debemos planificar lo que

queremos hacer en los próximos años; pero no solamente planificarlo de boca. Creo que se requiere una planificación seria de evaluar y de escribir lo que usted quiere hacer. Tomemos como ejemplo el aspecto espiritual. ¿Está usted bien en el aspecto espiritual? ¿Tiene una buena relación con Dios? ¿Está alimentando sus necesidades espirituales?

Su sistema nervioso, su cuerpo y su alma requieren que le dé importancia al aspecto espiritual. Muchas veces creemos que con ir una o dos veces al año a la iglesia hemos satisfecho nuestras necesidades espirituales. Sobre este punto quisiera profundizar con usted. El aspecto espiritual tiene una relación con su salud emocional. ¿Cómo está en la esfera de lo profesional, lo económico y lo familiar? Es bueno que usted evalúe todas las esferas de su vida. Vea lo que puede mejorar cuando empiece a ser una persona más eficiente. Comience a imaginarse y a verlo en su mente de la misma manera que puede ver lo que sucedió quince años antes. De igual manera podrá ver lo que va a suceder en los próximos quince años. Cuando empiece a verlo, desarrollará determinación y perseverancia hacia la conquista de lo que le pertenece.

Dios le ha dado ese potencial para que lo utilice; para que disfrute de su vida en una forma amplia y rica. Mientras más pronto empiece a utilizarlo, comenzará a disfrutar de su vida de una forma especial. Empezará a ver las flores, los árboles, las playas, el cielo, la gente y los niños de una forma diferente, ya que su concepto de las cosas va a cambiar. Verá que dondequiera que vaya estará Dios. Verá que su interior será como un reflejo del potencial dormido que hay dentro de usted.

Cuando veo a un niño, para mí es como ver la mano de Dios. Cuando veo a un anciano, también veo la mano de Dios. Cuando pienso en usted, estimado lector, lo veo como el milagro más grande de este mundo.

Me gustaría que se uniera a nosotros y que empezara a hablar con su gente y a decirles a las personas que ellas tienen el derecho a triunfar; que tienen el derecho a ser felices y a conquistar el futuro. Pregúnteles: "¿Cuándo van a empezar a apoderarse de su derecho, de ese potencial que tienen de disfrutar la vida que Dios les ha regalado?" Empiece ahora mismo y le garantizo que será como si hoy fuera el primer día de su vida. Estoy convencido de que este libro le va a abrir la mente, le va a abrir el espíritu. Cosas sencillas de las cuales le hablaré le van a impactar. Usted va a volver a evaluar sus estrategias, sus objetivos, sus sueños y su visión.

¡Levántese del sueño, porque estamos destinados a triunfar! ¡Levántese, porque usted como arquitecto y diseñador del futuro de su vida tiene la responsabilidad de pagar el precio del éxito! El costo se paga por adelantado y al contado, y ¡se paga trabajando!

2

LA PLANIFICACIÓN
DE SU FUTURO

La planificación de su futuro es uno de los temas más importantes. Tengo contacto con cientos de personas que no planificaron su futuro en forma eficiente y que ahora tienen problemas muy serios. Lamentablemente, ya no hay mucho tiempo para solucionar esos problemas porque ya están en su vejez. También conozco a muchos jóvenes que no han planificado su vida y que ahora tienen muchos problemas.

La planificación es la capacidad de traer el futuro al presente. Es un elemento indispensable para garantizar buenos resultados en la vida. En cualquier compañía, la planificación es un punto vital para garantizar el crecimiento de la organización a nivel general pero también del individuo. Para mí la planificación es la capacidad de visualizar el futuro en el presente, desarrollando un plan de trabajo para conseguir las metas que uno desea.

Sabemos que la improvisación es todo lo contrario a la planificación. Lamentablemente, la improvisación es la noticia del día. Constantemente hablo con personas que no me pueden decir lo que van a hacer en los próximos años. No saben lo que harán en la próxima década, ni siquiera el próximo año. El llevar una vida improvisada, trae resultados improvisados y, por lo general, no son los mejores resultados.

Entiendo que la planificación es un elemento indispensable para que cada persona pueda tener éxito en la vida y mi objetivo es ayudar a nuestra gente a conseguir aquello que realmente desea, a establecer una planificación positiva considerando los resultados que cada uno desea alcanzar.

Para poder planificar tenemos que saber qué es lo que queremos alcanzar. Tenemos que conocernos. Tenemos que conocer nuestro potencial y conocer también nuestras debilidades. Además tenemos que reconocer hacia dónde queremos ir y a dónde podemos llegar. Es importante que veamos la planificación como el escribir nuestra historia anticipadamente. Podemos considerar la planificación como el mapa que nos llevará al objetivo que nos proponemos alcanzar.

La planificación es la capacidad de traer el futuro al presente. Es un elemento indispensable para garantizar buenos resultados en la vida.

La planificación del futuro de su vida va a depender del interés, el compromiso y el deseo que usted tenga de desarrollarlo. Me propongo presentarle las posibilidades de cien personas de veinticinco años de edad que llegarán a los sesenta y cinco años. Esto según las estadísticas del seguro social federal de los Estados Unidos.

Se toman cien hombres y mujeres de veinticinco años de edad para ver lo que les sucederá hasta la edad de sesenta y cinco años. Dos de ellos serán sumamente ricos, solventes; cuatro de ellos tendrán una solvencia económica saludable; tres de ellos a la edad de sesenta y cinco años todavía estarán trabajando. Veintinueve de ellos serán indigentes. Eso es muy lamentable.

Visito gran cantidad de ciudades en los Estados Unidos anualmente, y veo a cientos de personas mendigando en las calles. Eso quiere decir que tendrán que depender de la ayuda de su familia; pero muchas veces la familia está peor que ellos. Otras veces, dependen del gobierno; pero el gobierno cada vez recorta más las ayudas sociales.

Sólo cinco personas de cada cien tienen resultados financieros saludables. Eso se debe a que hay una mala planificación económica. Muchas veces es por falta de conocimiento y por falta de una asesoría adecuada que no se consiguen buenos resultados. Cada persona necesita aprender que es el arquitecto y diseñador del futuro de su vida.

Usted llegará a los sesenta y cinco años de edad en la indigencia si no empieza a planificar su economía. En mi caso, según cálculos del seguro social en los Estados Unidos, cuando me jubile a la edad de sesenta y cinco años, que será el año 2018, voy a necesitar 79.500 dólares al año para vivir al mismo nivel de vida de hoy; pero lo máximo que voy a recibir del seguro social serán 29.500 dólares. Eso significa que tengo garantizado un déficit de cincuenta mil dólares y que tengo que hacer algo ahora para solucionar esa situación.

Es muy importante que aprendamos a planificar nuestro futuro. Otros datos nos dicen que unos setenta años de vida se utilizan de la siguiente manera:

Pasamos 24 años durmiendo
Pasamos 14 años trabajando
Invertimos 8 años en distracciones
Pasamos 8 años en la iglesia
Dedicamos 6 años a la educación
Pasamos 6 años comiendo
Usamos 5 años para transporte
Pasamos 4 años conversando
Dedicamos 3 años a la lectura

El ejemplo dado es un pequeño estudio de lo que las personas hacen con su tiempo.

El secreto de la planificación es la utilización de los recursos junto con la visualización de lo que queremos realizar. Muchas veces estamos conscientes de que no utilizamos eficientemente el tiempo y justamente sobre eso quiero hablarle: la utilización eficaz de su tiempo. Es un elemento indispensable para que usted pueda tener éxito en la vida.

Las estadísticas nos dicen que desperdiciamos un promedio de dieciocho a veinticinco horas por semana. Eso significa que desperdiciamos cerca de mil horas al año. En un promedio de treinta años de trabajo desperdiciamos como treinta mil horas de nuestra vida.

Este desperdicio se ve cuando uno no logra los resultados que desea y cuando uno dice que no tiene tiempo para hacer las cosas. Pero todo el mundo tiene la misma cantidad de tiempo: veinticuatro horas al día. La planificación de ese tiempo en una forma eficiente lo lleva a uno a desarrollar una vida exitosa.

Muchas veces, las personas no tienen bien definidas las metas, los objetivos y las labores que tienen que cumplir. La utilización eficiente del tiempo es la clave para conseguir los resultados deseados. Pero no hemos sido adiestrados a utilizar nuestro tiempo en una forma eficaz.

Hay unas ciento cincuenta y tres formas en que desperdiciamos el tiempo, cosas que analizamos en nuestros seminarios de administración del tiempo. No voy a entrar en detalles sobre eso ahora; pero sí le voy a hacer ver algunas que le impiden una buena planificación de su vida.

La primera de ellas es *la posposición*. Muchas personas tienen el hábito de posponer. Dejan las cosas para mañana; luego las dejan para la semana que viene; luego para el mes entrante; y hasta para el año que viene.

Para evitar caer en ese hábito uno tiene que tener un serio compromiso con el objetivo que se ha propuesto y estar convencido de que no hay mejor cosa que hacerlo *ahora*. "¡Hazlo ahora!" Repita ese mensaje cinco veces al día durante los próximos diez días. "¡Hazlo ahora!" Cada vez que tenga que hacer algo, repita: "¡Hazlo ahora!"

Cuando uno está comprometido a hacer las cosas de inmediato, constantemente está buscando acción, y la acción es el antídoto de la posposición.

Además de la posposición, se hallan *las excusas*. Hay personas que son expertas en desarrollar excusas, en explicar por qué no alcanzaron sus objetivos. Se dice que las excusas satisfacen solamente al que las da y debilitan el carácter del que las acepta. Le garantizo que los que se acostumbran a ofrecer excusas constantemente destruyen su carácter. No inspiran confianza; no tienen seriedad; no asumen responsabilidad; no tienen visión.

Las excusas son una explicación que satisface solamente a quien las da. Ofrecemos excusas porque queremos justificar nuestra incompetencia. Podemos dar una excusa hoy por una razón justificada; pero es muy negativo desarrollar el hábito de estar posponiendo, dando excusas y explicando por qué no cumplimos nuestras responsabilidades. Eso quiere decir que no estamos enfocando en la meta y en los objetivos que queremos lograr.

Hay que sustituir las excusas con la acción, con la visualización y con el significado que tienen para nosotros nuestros objetivos. Si no posponemos no necesitamos tampoco dar excusa.

Otro punto importante es *saber diferenciar entre lo urgente, lo importante y lo vital*. Cuando uno tiene la capacidad de saber lo que es urgente, lo que es importante y lo que es vital se pueden establecer prioridades. Lo urgente es algo que no se puede posponer; hay que hacerlo. Pero tal vez sea algo que se puede delegar. Lo importante es algo que hay que hacer; pero que se puede esperar hasta mañana para hacerlo. No es un caso de vida o muerte. Lo vital es algo que usted tiene que hacer ahora porque está relacionado con su meta, con su objetivo.

Es importante saber la diferencia entre lo urgente, lo importante y lo vital.

Para establecer prioridades, haga una lista de las cosas diarias que tiene que hacer. Debe preguntarse: "¿Qué es lo que no puede pasar de hoy y qué es lo que puede esperar hasta mañana?" Esta es una estrategia que muy pocas personas utilizan y, por lo tanto, muchas veces invierten su mejor tiempo en actividades insignificantes que no son ni urgentes ni importantes ni vitales.

Al no establecer prioridades, las cosas importantes y urgentes se pierden de vista y no se realizan. Muchas personas son desperdiciadoras del tiempo; no saben desarrollar la utilización eficaz de las horas del día. Le invito a que usted empiece a evaluar cómo está invirtiendo su tiempo. ¿Qué hace durante el día y qué cosas puede delegar? Por ejemplo, hace algunos años, yo iba al correo, hacía los depósitos en el banco y hacía una serie de tareas que no eran vitales para mis metas y mis objetivos. Esas tareas las he ido delegando y me he librado de unos compromisos y unas actividades que no tienen relación directa con mis metas. Ahora dedico ese tiempo a las actividades vitales.

Lo arriba mencionado es un ejemplo sencillo de cómo uno puede utilizar las quince o más horas semanales que se están desperdiciando. Quiero poner en claro que las personas que están desperdiciando quince horas a la semana son personas que trabajan de cuarenta a cincuenta horas semanales. Los que no trabajan, definitivamente tienen más horas para desperdiciar.

Si usted es una persona muy ocupada, que no tiene tiempo para hacer bien sus cosas ni tiempo para planificar su futuro, necesita hacer un alto y, si es posible, asistir a un seminario de administración del tiempo. Necesita evaluar cómo podría superar todos los consumidores y desperdiciadores del tiempo que, seguramente, le están costando un dineral.

Deseo presentarle una estrategia para que establezca la forma de utilizar bien su tiempo para que evite el desperdicio. Haga una lista de todo lo que usted quiere hacer en un día. Yo, por ejemplo, hago una lista semanal y, partiendo de esa lista, desarrollo una lista diaria de las cosas que tengo que hacer. Constantemente evalúo mi lista semanal para ver si estoy realizando mis objetivos. Me fijo en las cosas que tengo que dejar para la próxima semana, es decir, establezco prioridades. Siempre hay que tomar en cuenta lo urgente, lo importante y lo vital. Al hacer la lista diaria de las cosas que uno quiere cumplir, uno sabe la dirección hacia dónde ir.

Otra cosa importante es establecer un horario. Hay que definir lo que se va a hacer a las ocho de la mañana, al mediodía, a las seis de la tarde y a las diez de la noche. Es muy bueno tener esa guía para saber lo que se va a hacer a cierta hora.

Una vez que usted tenga su horario y tenga su lista de cosas que tiene que hacer es muy importante establecer un compromiso para cumplir esas tareas. Evalúe constantemente cómo está invirtiendo su tiempo y cuántas horas está desperdiciando. Le aseguro que una vez que usted establezca su programa para evaluar la utilización de su tiempo empezará a utilizarlo eficazmente y aumentará el valor de sus horas.

Durante uno de los talleres que ofrezco en mis seminarios, doy la oportunidad de establecer el valor del tiempo. Los participantes hacen un cálculo del costo de sus horas. Una persona que gana veinticinco mil dólares al año, puede calcular en costo de sus horas en $12,50. La persona que gana cincuenta mil dólares anuales, calcula el costo de sus horas en $25,00. Cuando uno empieza a establecer el costo por hora, desarrolla una química de compromiso y se da cuenta de que su tiempo es costoso y que no lo puede desperdiciar.

Tuve una experiencia sumamente maravillosa el año 1980. Tenía la costumbre de salir a tomar café. Tomaba café dos veces al día: a las diez de la mañana y a las tres de la tarde. No iba solo sino que invitaba a alguien a que me acompañara a tomar café. Conversábamos y, regularmente, dedicaba de una hora a una hora y media para tomar café.

Cuando hice la evaluación del tiempo que dedicaba para tomar café, me di cuenta de que invertía cerca de tres horas diarias a eso, lo cual representa un promedio de quince horas semanales. ¿Sabe qué? Dedicaba un promedio de sesenta horas al mes para tomar café. Cuando lo multipliqué por veinte dólares, el costo de mis horas de trabajo en aquella época, me fijé que estaba invirtiendo cerca de mil doscientos dólares mensuales en tomar café, sin contar el costo de cada taza de café, que era de treinta y cinco centavos. En realidad el costo del café era de unos mil doscientos dólares. ¡No estaba utilizando eficientemente mi tiempo!

Para usar mi tiempo eficientemente, debía tomar el café en diez o quince minutos en vez de dedicar una hora para eso. Esa hora perdida la debía invertir en cosas útiles, provechosas y necesarias, que tuvieran una relación directa con mis metas.

Cuando uno ha creado conciencia de que no debe perder su tiempo, se compromete a identificar las actividades que verdaderamente son importantes en la realización de la visión que uno tiene. Esto es lo que yo le invito a hacer. Evalúe cómo está invirtiendo su tiempo y cuánto vale ese tiempo.

Si realmente está interesado en mejorar la utilización eficaz de su tiempo, comience ahora. Nunca va a poder planificar su futuro si no sabe planificar el hoy, el ahora. Ese es un secreto muy sencillo. Lo repito: Nunca planificará eficientemente el futuro si no empieza a planificar el ahora, ahora mismo.

Si quiere hacer una buena planificación de su futuro, esa planificación debe estar completamente ligada a los objetivos, las metas y los propósitos que usted tiene para su vida. Como ya mencioné anteriormente, muchas personas no saben lo que van a hacer en el futuro. Eso es muy natural, porque nadie les ha enseñado sobre la planificación; no han sido adiestrados.

Para una buena planificación hay que empezar a visualizar y ver lo que uno desea hacer por su país, por su comunidad, por su familia. La gran pregunta es: "¿Qué quiere hacer usted con su vida?".

Cuando uno empieza a evaluar lo que quiere hacer, se logra conseguir un significado y ese significado le da a uno la motivación y el entusiasmo para trabajar y alcanzar las metas que se ha propuesto.

❧

Para una buena planificación hay que empezar a visualizar y ver lo que uno desea hacer por su país, por su comunidad, por su familia.

Es importante establecer algunas reglas básicas para poder definir unos objetivos claros. Primero, usted tiene que saber lo que quiere realizar. Debe ser una meta realista; una meta que usted pueda alcanzar. Debe ser algo que realmente lo motive a trabajar y que lo motive a buscar alternativas y soluciones para alcanzar ese sueño.

También es importante que ponga una fecha definida para cuando va a cumplir su objetivo. Para mí la fecha tiene una importancia tremenda. Cuando uno tiene un compromiso para cumplir una actividad para cierto día, toda la energía mental, física y espiritual está trabajando para llegar a ese objetivo, aún antes de la fecha señalada. La fecha es lo que a uno lo compromete a trabajar para buscar las soluciones y lograr las metas que uno se ha propuesto.

Hay que establecer una meta real, que debe ser lo que sintamos en nuestro corazón y en nuestra mente que es importante y que tiene significado para esa fecha definitiva. Debemos también evaluar los obstáculos que nos impiden alcanzar las metas que nos hemos propuesto. Muchas veces los obstáculos pueden ser el tiempo, un título de la universidad, el dinero, la gente . . . hasta puede ser la falta de conocimiento.

Si no ha logrado cumplir lo que se ha propuesto, pregúntese: "¿Por qué no lo tengo ahora? ¿Qué es lo que me está impidiendo alcanzar esto? ¿Quién me puede ayudar?" Tal vez sea por razones de la edad, el tiempo, la experiencia. Cuando usted determina cuáles son los obstáculos que le están impidiendo cumplir su objetivo y planificar su futuro, ya ha empezado a detectar el primer problema.

Una vez que uno haya definido lo que le está impidiendo lograr su objetivo, hay que evaluar las posibles soluciones, "¿Cómo voy a conseguir el dinero que me hace falta? ¿Cómo puedo conseguir más conocimientos? ¿Qué recursos son los que me hacen falta para alcanzar mi objetivo?"

Cuando uno empieza a ver, a pensar, a buscar alternativas, a pedir ayuda, llega un momento en que se empieza a ver las soluciones; esas soluciones a los obstáculos que impiden desarrollar el sueño que uno tiene. Esto es de suma importancia, ya que una vez que uno tiene definido el obstáculo y considera la solución, el próximo paso es la acción.

Usted puede tener una meta, puede tener el dinero que necesita, puede tener tiempo, puede tener todos los recursos, puede tener el conocimiento, y puede tener solucionados todos los obstáculos; pero si no desarrolla un plan de acción, le garantizo que va a fracasar.

El noventa y cinco por ciento de las personas fracasan por la falta de perseverancia. La perseverancia es un elemento indispensable. Es el hábito de seguir luchando hasta alcanzar lo que uno quiera alcanzar. Lamentablemente, no hemos sido adiestrados a ser perseverantes.

Muchas veces, al tropezar con el primer obstáculo, nos retiramos. Eso significa que mientras más obstáculos tengamos que superar, más energía se va a requerir. Muchas veces no enfocamos nuestra atención en las soluciones y, por lo tanto, no alcanzamos las metas que queremos alcanzar. Siempre considere que mientras más grande sea el problema que tenga que enfrentar, tendrá mayor oportunidad para utilizar su potencial. Mientras más grandes sean los obstáculos, mayor creatividad e imaginación se va a requerir para buscar soluciones.

Cuando usted empieza a desarrollar esa actitud, le van a gustar las situaciones con grandes responsabilidades y con grandes dificultades, circunstancias que requieran grandes soluciones. Mientras más grande sea el problema, más capacidad se va a requerir para poder solucionarlo. Eso quiere decir que uno se pone más fuerte una vez que consigue la solución.

Seguramente alguna vez ha tenido un problema muy grande. Cuando lo resolvió, ¿verdad que se sintió feliz y fuerte por haber vencido? Eso es lo que sucede cuando solucionamos nuestros problemas. Nuestra confianza, nuestra determinación y nuestra visión se fortalecen.

También tenemos que evaluar seriamente las diferencias entre los niños y los adultos, las personas inmaduras y las personas maduras. Cuando hay grandes problemas, las personas maduras sobresalen y los niños se van para su casa a dormir, porque no saben cómo enfrentar la situación.

Mientras más metas y más grandes objetivos tengamos, más necesidad vamos a tener de utilizar nuestro potencial y nuestra capacidad de realizarnos. Sencillamente, haga hoy una lista de todas las cosas que desea hacer: en lo espiritual, físico, emocional, cultural, social, económico, profesional. Debe hacer una lista de todas las cosas y todos los sueños que usted aspira llevar a cabo en su vida. Y empiece a trabajar ahora mismo para cumplir esas cosas.

Cuando empecé a desarrollar mi lista no llegué ni siquiera a diez metas. Eso me dio un sentimiento de frustración. Sencillamente, no había sido adiestrado para hacer una lista de metas y objetivos. Pero una vez que comencé, explotó dentro de mí la máquina de sueños que estaba dormida, escondida, y pude ver muchas cosas que quería alcanzar.

Hoy tengo una lista de cerca de trescientas metas. Eso significa que cuando empecé no sabía para dónde iba y ahora cada meta me ha traído otra meta. Mis metas se han multiplicado y me han dado una visión y nueva vida.

La visión es un pasaporte hacia el éxito. Mi deseo es poder ayudarle a utilizar el potencial que usted tiene derecho a utilizar, para que pueda establecer un pasaporte que incluya todas sus metas y sueños. Ese pasaporte le servirá de guía para pasar por todas las etapas de su vida hasta que alcance el éxito al que tiene derecho y que tiene la responsabilidad de conquistar.

Una vez que usted evalúe los sueños y las metas que le gustaría alcanzar, siéntese debajo de un árbol, vaya de paseo a la playa, escale una montaña, y mire hacia el futuro con confianza y pregúntese: "¿Qué quiero hacer en los próximos cinco años? En los próximos sesenta meses, ¿qué me gustaría realizar en mi vida?" Empiece a visualizarlo y pronto tendrá una lista de las metas que usted tiene derecho a conquistar.

El presente es el resultado de las decisiones que usted tomó en el pasado. El futuro será el resultado de las decisiones que tome hoy.

Los grandes sueños se conquistan porque las personas toman la determinación de conquistarlos. Confío en que usted tiene ese derecho, esa capacidad, ese potencial; pero yo no lo puedo hacer por usted, porque a usted como arquitecto y diseñador del futuro de su vida, como el responsable de su futuro, le corresponde empezar a escribir la historia de su vida. Espero que la escriba con letras de oro. Luego, cuando se siente a leerla, a compartirla con sus hijos y sus nietos, le garantizo que se va a sentir orgulloso. Usted pagó el precio del éxito; un precio que se paga por adelantado y al contado, y que se paga trabajando. Será un ejemplo vivo de lo que es el éxito. Le aseguro que sus hijos, sus nietos y su pueblo se sentirán orgullosos porque usted hizo el trabajo que Dios le encomendó que hiciera.

El hoy es el resultado de las decisiones que usted tomó en el pasado. El futuro será el resultado de las decisiones que tome hoy. Las decisiones que usted tome hoy van a impactar su vida; le llevarán a convertir lo invisible en visible.

Le invito a que empiece a trabajar para alcanzar sus metas. Usted es la persona más importante que hay en el planeta Tierra. Entre los cinco mil millones de personas que viven en este planeta no hay nadie igual a usted. Le garantizo que la paz, el gozo y la tranquilidad que va a sentir no se pueden comprar en ninguna farmacia ni en un supermercado. Usted le podrá decir a su familia: "Me siento contento porque sé para donde voy; me siento contento porque sé lo que quiero hacer con mi vida." Y el día que usted consiga esos sueños, le dará gracias a Dios que le dio la oportunidad de ser feliz.

3

LA RENOVACIÓN
DE NUESTROS
PENSAMIENTOS

El secreto de una persona que tiene éxito es la capacidad que tiene de renovar sus pensamientos; de renovarlos constantemente.

Un bebé nace sin dientes y muchas veces sin cabello. Usted ve la renovación de ese bebé cuando se va desarrollando y empieza a crecer. Hasta los dos años hay un gran desarrollo; a los siete años ya es un niño fuerte. Podemos observarlo en la adolescencia, cuando tiene de quince a diecisiete años. Cómo crecen los niños, ¿verdad? A veces, cuando dejo de ver a mis sobrinos por unos años, ya casi no los conozco.

Una persona sigue renovándose, sigue cambiando físicamente; así también es la renovación de nuestras actitudes y de nuestros pensamientos. Las necesidades y los pensamientos de usted cuando tenía siete años eran muy diferentes a los que tenía a los diecisiete años de edad; y uno piensa muy diferente a los veinticinco años de edad que a los cincuenta años.

Es importante que usted reconozca que tenemos la capacidad de pensar, de crear y de razonar; una capacidad especial que tiene cada persona. Entre todos los que habitan la tierra, el ser humano es el único ser que hizo Dios con la capacidad de pensar, imaginar, crear, razonar. Esa capacidad, muchas veces, no la utilizamos eficientemente, ya que hemos sido condicionados, en la mayoría de las veces, en forma negativa. Cuando uno nace es condicionado por la familia. ¿Recuerda lo que le decían cuando era pequeño?

"Niño, no cruces la calle."

"No te juntes con esa persona."

"No masques chicle."

"No comas fuera de hora."

El niño va siendo condicionado porque va observando, va viendo, va escuchando. Va aprendiendo unas pautas culturales, sociales y políticas. Y esas pautas se van a manifestar en su estilo de pensar y en su carácter.

Considero que, por tradición, hemos sido condicionados a dudar, a no creer, a buscar la razón por la cual no se pueden hacer las cosas; siempre estamos explicando la razón por la cual no se puede hacer esto o aquello.

He hablado con muchas personas y cuando les pregunto: "Oye, ¿por qué estás desempleado?", me contestan: "Bueno, porque no tengo empleo."

Me pregunto por qué no han desarrollado un trabajo. Lo que uno mismo hace es vender su potencial cuando monta un negocio o vende un servicio. ¿Por qué no han desarrollado un negocio? ¿Por qué no han ofrecido sus servicios para desarrollar sus habilidades y sus talentos? Están esperando muchas veces que el empleo llegue a la puerta de su casa para que empiecen a trabajar.

Si usted no está produciendo en este momento, tiene que utilizar su imaginación y su creatividad para crear un empleo, un negocio o un servicio. Venda su potencial, sus conocimientos y su tiempo. En el negocio propio usted vende su potencial y su experiencia junto a un servicio o a servicios.

Muchas veces la percepción de las personas — cómo la gente ve las cosas, y cómo las recibe de acuerdo a su experiencia y a sus conocimientos — hace la diferencia. No sé si se ha dado cuenta que los medios de comunicación, en su empeño por atraer la atención del pueblo, han llegado a la conclusión que la forma de conseguir la atención del público es dándole a todo un enfoque negativo. Sobresalen siempre las noticias negativas y destructivas.

Muchas veces veo que los periódicos, la radio y la televisión enfocan las cosas negativas. Dándole prioridad a esas noticias, destruyen muchas veces la imagen de una persona; ponen en duda al jefe de estado. Considero que no es tan productivo este enfoque como resaltar las noticias positivas.

Por cada minuto de negativismo que pasamos, necesitamos once minutos de afirmación positiva para volver a la normalidad.

Este es otro ejemplo: Mi abuelo condicionó a mi papá de una forma; mi papá me condicionó a mí según el condicionamiento que él había recibido. Y según esas creencias y referencias yo estoy condicionando a mis hijos. Les estoy dando las mismas referencias y creencias culturales, sociales y políticas.

Por cada minuto de negativismo que pasamos, necesitamos once minutos de afirmación positiva para volver a la normalidad. ¿Qué sucede? Que cuando usted quiere volver a la normalidad, cuando quiere ser una persona positiva, como ha sido condicionado durante quince, veinte o veinticinco años de una forma conservadora, temerosa, sin visión y extremadamente negativa, a veces es muy difícil poder salir de ese estancamiento, de ese modelo de pensamiento, de ese acondicionamiento negativo. Por lo tanto, se requiere una fuerza mayor y un compromiso con el cambio de nuestras actitudes y nuestros pensamientos cuando hemos sido condicionados por una familia y por una sociedad a no poder, a ser pobres, a ser inseguros, a dudar, a no creer.

En la Biblia se nos dice que "para el que cree, todo es posible". Si usted cree que no puede, sencillamente cree que no puede y, realmente, tiene razón, ¡no puede! Pero si usted cree que puede, le garantizo que es posible, que usted puede. Como "para el que cree, todo es posible" el primer hábito que tenemos que empezar a desarrollar es el de creer.

Nuestras creencias negativas matan la renovación de nuestros pensamientos. Pero el tener fe en que usted realmente puede cumplir lo que quiere, puede provocar un cambio profundo en su estilo de vida y en la calidad de sus pensamientos.

Tenemos acumuladas de ciento cincuenta mil a trescientas mil horas de vida en nuestra mente. Es el total de horas que están almacenadas en nuestro subconsciente. Yo lo llamo un casete de video, ya que podemos recordar lo que pasó hace cinco años, lo que pasó hace diez o quince años, y también podemos visualizar lo que va a suceder el próximo año. ¡Usted puede imaginar lo que usted puede realizar!

Las experiencias positivas y negativas de la vida tienen un valor extraordinario; son el alimento para su autoimagen y su carácter.

Otro punto importante es el ambiente donde usted se ha desarrollado. Lo puede haber rodeando un ambiente lleno de dudas, de inseguridades, de falta de fe; por eso, puede ser difícil para usted proyectarse positivamente. Cuando usted llega a un lugar y todo el mundo tiene un enfoque negativo, usted respira esa parte negativa. Lo puede sentir en su ser; y si los refuerzos, las referencias y las creencias que usted recibe son negativas no van a producir cosas positivas.

**Las experiencias positivas y negativas
de la vida tienen un valor extraordinario;
son el alimento para su autoimagen y su carácter.**

El ser humano tiene que empezar a transformar su estilo de pensar; tiene que reconocer que somos víctimas o beneficiarios de la forma en que pensamos. Para provocar un cambio en la forma en que queremos pensar tenemos que provocar un cambio en nuestras creencias. Quiere decir que la renovación de nuestros pensamientos es una necesidad, es un requisito, es una herramienta que el ser humano tiene que empezar a utilizar para poder enfocar su persona hacia un futuro positivo.

Le voy a ofrecer un ejemplo interesante si puede visualizar cómo lavaban la ropa antes. Cuando no había lavadoras, se llenaba un balde con la ropa, se le echaba el agua y el jabón y se dejaba así varias horas para que se ablandara el sucio. Después se restregaba la ropa contra una tabla.

Si usted nació en la época moderna tal vez nunca vio eso; pero es muy interesante recordar cómo antes se lavaba la ropa. De la misma manera que se lavaba la ropa antes, tenemos que lavarnos la cabeza ahora. Creo que el nuestro subconsciente necesita un lavado similar al que se hacía antes con la ropa. Lo único es que en vez de echarle jabón al agua, vamos a hacernos preguntas para producir cambios en nuestros pensamientos y en nuestras actitudes.

Cuando usted se levante por la mañana, se puede preguntar: "¿Qué me hace feliz hoy? ¿Con qué estoy comprometido? ¿Qué hay que todavía no es perfecto?" Son preguntas que van a poner en funcionamiento a su sistema nervioso; se va a activar y le va a dar información que le va a desenfocar de la información negativa y de la inseguridad. En cambio, usted se va a enfocar en las cosas positivas, porque le está pidiendo a su mente y a su sistema nervioso que le dé razón sobre lo que lo hace feliz.

"¿Cómo puedo conseguir buenos resultados? ¿Cómo puedo hacer feliz a mi cónyuge?" Estas preguntas son una forma de alimentar y de fortalecer los pensamientos. Así suprimimos los pensamientos negativos.

Cuando una persona está deprimida, angustiada o enfadada es porque ha concentrado toda su energía en las cosas negativas y no está enfocada en las cosas buenas que le rodean.

A lo menos una vez por semana mi familia y yo nos sentamos a conversar y a hacer una revisión de las cosas buenas que hemos experimentado esa semana. Nos alegramos de poder compartir momentos felices juntos, de los días bonitos, de tener una buena iglesia donde se nos enseña la Palabra de Dios y donde podemos enriquecernos espiritualmente. Nos alegramos de los vecinos que tenemos, de la escuela que tienen los niños, de la calidad de vida que disfrutamos, de nuestras amistades y de las satisfacciones que nos produce nuestro trabajo.

Le invito a que usted comience a hacerse preguntas. "¿Qué fue lo mejor que me sucedió el año pasado?" Hagan un inventario de todas las victorias que ha tenido y pregúntese: "¿Qué tengo que hacer para mejorar la calidad de vida que llevo? ¿Qué cambios tengo que hacer para convertirme en la persona que aspiro ser?"

La falta de planificación y la falta de visión llevan muchas veces a que todo sea una lucha constante. Al no decidir nuestros propósitos y nuestra visión como individuos no podemos renovar nuestros pensamientos porque estamos desenfocados. Es como si estuviéramos tratando de tomar una fotografía, de filmar una película de nuestra vida, pero sin saber hacia dónde enfocar la máquina fotográfica.

El no saber hacia dónde vamos tiene una relación directa con el estilo de pensamiento y de actitudes. Tenemos que sustituir un sinnúmero de pensamientos negativos mediante la repetición. Cuando usted repite por la mañana: "Me siento feliz. Hoy va a ser un día extraordinario. Estoy listo para enfrentarme a las demandas de la vida; hoy voy a dar todo lo que sea necesario para ayudar a nuestra gente", automáticamente empieza a generar energía. Le aseguro que usted tiene la capacidad de generar esa energía. Lo he vivido en carne propia.

Yo también tuve que reprogramarme. Antes pensaba que no podía hacer esto o aquello; pero aprendí que sí puedo hacerlo. Aprendí que puedo lograr todo lo que he establecido. Si me lo propongo y trabajo y pago el precio del éxito, realmente lo voy a lograr.

Cuando usted empieza a reclamar el poder que tiene derecho a reclamar y empieza a utilizar ese poder, empieza a desarrollar confianza, determinación y perseverancia; empieza a desarrollar un cambio de pensamientos, de actitudes y de hábitos. Eso lo llevará a esforzarse para alcanzar lo que usted quiere.

Desde el punto de vista espiritual — siempre hago un análisis psicológico, espiritual y emocional —, le digo que en la Biblia hay un mensaje que me llama mucho la atención. Son las palabras: "Todo lo puedo en Cristo que me fortalece."

Si usted tiene la dinámica de enfocar su atención en las cosas que desea, empezará a ser una persona distinta. Va a iniciarse un cambio en su vida. Eso, básicamente, es lo que tenemos que aprender, ¡y hay que empezar ahora!

Tenemos que empezar a cambiar nuestras actitudes; tenemos que modificar nuestros hábitos; tenemos que renovar nuestros pensamientos. Lo que va a suceder es lo siguiente: Cuando usted comienza a renovar sus pensamientos va a cambiar su forma de vida. Cambiará también la forma de verse a sí mismo. Va a cambiar su forma de hablar; hablará con seguridad y confianza. Se notará que usted es una persona que tiene dirección. Va a cambiar su forma de sonreír, inclusive su forma de vestir. Será transformando en una persona con significado; una persona con propósito.

Para empezar a definir un propósito tiene que sentarse a pensar; tiene que pedir dirección a Dios y saber qué es lo que usted quiere hacer con su vida.

Al conversar con los presidiarios en las cárceles de nuestro país y al conversar con los estudiantes en las escuelas, he visto la falta de propósito y de visión. Los estudiantes terminan la escuela superior y no saben hacia dónde van, y los presos terminan su sentencia y tampoco saben para dónde van. Muchas veces esa falta de propósito es lo que lleva a una persona a la improvisación, y la improvisación es el primer síntoma de la falta de dirección. Cuando uno no sabe hacia dónde va, es como un barco en alta mar, que va a la deriva según soplen los vientos. Cuando el viento sopla hacia el sur, hacia el sur navega el barco; cuando el viento sopla hacia el norte; hacia el norte navega. Nunca tiene un rumbo fijo, y cada vez que vemos ese barco, va en una dirección diferente. Nunca llega a ningún puerto. Lo mismo les pasa a las personas que no tienen bien definidos sus objetivos.

Una persona que no llega a ningún puerto definido, que no tiene un rumbo definido, no puede desarrollar ningún proyecto. Constantemente está cambiando de parecer y echándole la culpa a las circunstancias en vez de asumir su responsabilidad y tomar el control y el timón de su vida.

Para empezar a definir un propósito tiene que sentarse y

pensar; tiene que pedir dirección a Dios y saber qué es lo que usted quiere hacer con su vida.

76 - 80

Tenemos una sola vida. Es corta; dura sólo de setenta a ochenta años. ¿Cuál es la contribución que usted quiere hacer a su familia y a su comunidad? ¿Desea la satisfacción que produce cumplir sus sueños y objetivos?

Cuando una persona empieza a pensar, cuando se concentra y fija un objetivo, empieza a crear determinación, perseverancia y firmeza. Eso produce una seguridad contagiosa; algo que creo que tenemos que aprender a desarrollar. Esa determinación, esa perseverancia, esa confianza y esa seguridad son indispensables para el desarrollo; eso es lo que le va dando la dirección al objetivo que uno quiere alcanzar. Es la gasolina que nos mantiene en pie de lucha y en victoria.

Sería extraordinario ver que la juventud, cuando uno le hable y le pregunte: "¿Para dónde vas? ¿Dónde vas a estudiar?", conteste: "Voy a estudiar en la universidad: economía, psicología, administración . . . Eso me produce satisfacción y va a ser una buena contribución para mi familia y para mi pueblo."

Ya mencioné que suelo visitar las cárceles. Converso con los presos y, a veces, le pregunto a alguien que sólo tiene dos semanas para terminar tu sentencia: "¿Qué vas a hacer?" Lo que ese recluso me contesta es: "Bueno, no sé, quizás haga una fiesta después que salga de aquí; pero no sé lo que voy a hacer después." Francamente, así me han contestado muchos que han salido de la cárcel. No tienen un propósito definido. De seguro que van a volver a la cárcel, porque no han planificado lo que quieren hacer. Su sistema nervioso está adiestrado a resolver fácilmente las cosas sin considerar los resultados y el precio que haya que pagar.

Cuando las personas empiezan a renovar sus pensamientos empiezan a sustituir unos pensamientos negativos y pobres, por unos pensamientos firmes, con visión y con propósito. Quien decía que no podía, hoy dice que sí puede. Aquel que decía que no tenía tiempo, ahora dice que sí tiene tiempo. La persona que dudaba, que creía que no podía lograr nada, ahora dice que está seguro que lo puede alcanzar. Esa sustitución se puede provocar en cuestión de segundos; es solamente creer en el corazón que se puede lograr un ese cambio.

A las personas se les hace muy fácil trabajar con su automóvil si se le daña y atender al niño si se enferma. De inmediato lo llevan al médico. Si es cuestión de tomarse unas vacaciones o de ir a trabajar eso también es muy sencillo. Pero cuando uno le habla a una persona en el aspecto del cambio de mentalidad y pensamientos, y le dice: "Vamos a sentarnos a evaluar lo que podemos hacer por ti para ayudarte a producir un cambio profundo", entonces las cosas se ponen difíciles; las personas se paralizan de una forma extraordinaria. Algo les impide reconocer sus debilidades.

Me gusta mucho el apóstol Pablo, porque menciona que mientras más débil es la persona, más fuerte es en el Señor Jesucristo. Quiere decir que mientras más rápido usted acepte sus debilidades para poderlas superar, más fuerte se pone. Usted reconoce una debilidad no para hundirse más sino para poder superarla.

Muchas personas creen que son perfectas, que están bien, que no tienen nada que arreglar. Dicen ser personas positivas; pero al poco rato se están quejando porque tiene unos problemas que no puede resolver. No han aprendido a reconocer que también tienen sus debilidades.

Una persona tiene que ser sincera consigo misma y reconocer cuáles son las debilidades que tiene que superar. Este es el primer requisito para desarrollar una renovación en las actitudes y en los hábitos. Cuando usted es sincero y reconoce que tiene debilidades que le están impidiendo alcanzar lo que usted quiere, automáticamente empieza a buscar las soluciones dentro de usted y se pregunta: "¿Qué tengo que hacer para mejorar la calidad de vida de mi familia? ¿Qué tengo que hacer para empezar a controlar mi carácter, ya que pierdo el control y me enfado?" Y al hacer las preguntas le vendrán las respuestas.

Si usted necesita gente para cierto proyecto, va a aparecer la gente; si necesita dinero, va a aparecer el dinero. Cualquier recurso que necesite, va a llegar si es sincero en su búsqueda.

Cuando uno trabaja abiertamente y sinceramente las cosas se facilitan; caen las defensas. Si usted puede ser sincero con los demás, por experiencia propia le aseguro que va a trabajar con más eficiencia.

No podemos negar que muchas veces somos temerosos. Tememos a lo que dirá la gente. Nos preguntamos qué lo que pensarán las personas. Yo también tenía esos mismos pensamientos. Pero ¿sabe una cosa? La gente también tiene sus problemas y no dispone de mucho tiempo para pensar en usted y en la solución a los problemas que usted tiene. Por lo tanto, le recomiendo que no le preste mucha atención a lo que va a decir el vecino o lo que va a decir la gente que le rodea, porque eso contribuye muy poco a mejorar sus circunstancias.

Más bien, abra su corazón, medite en lo que usted quiere lograr, y qué cambio de actitud quiere provocar en su persona. ¿Qué cambios de pensamientos tiene que producir? Empiece a concentrarse. ¿Qué tiene que hacer para conseguir la buena comunicación que desea establecer con su familia, con Dios, con los demás?

❦

Usted le dará vida a sus sueños mediante la forma en que hable y piense, y mediante la visión que desarrolle en su vida.

Una vez que usted logre tener una mente abierta, un corazón abierto, tendrá las herramientas necesarias para resolver sus problemas. Entrará en una etapa muy interesante, ya que cuando uno empieza a ser sincero consigo mismo, puede ser sincero con los demás y puede ser sincero con Dios.

La sinceridad lo ayuda a visualizar su situación y a identificar sus necesidades; le ayuda a evaluar las necesidades que debe atender. Sabrá a qué cosas darle prioridad y podrá establecer cómo va a desarrollar las cosas.

Cuando una persona empieza a reconocer su potencial humano sucede algo importante. Antes pensaba que no podía; enfocaba su atención en los obstáculos. Ahora, en lugar de pensar en lo que dirá el amigo o la amiga, piensa que sí mismo: que puede hacer lo que se propone, que tiene el potencial, que Dios le dio las herramientas, que no hay nadie igual a él entre todos los habitantes de este planeta.

Me encantaría encontrarme con miles de personas que estén contentos con su vida; que estén satisfechos y realizados por haber conseguido lo que aspiraban. Tenemos los recursos, tenemos la gente, tenemos las oportunidades, tenemos todo lo que se requiere para alcanzar nuestros sueños; pero es indispensable una renovación de nuestros pensamientos.

Usted les muestra a los demás cómo son sus pensamientos mediante la forma en que habla. No sé si habrá leído alguna vez el libro "Lo que dices recibes". Es una publicación de Editorial Vida que le recomiendo. Le aseguro que cuando usted habla positivamente, cuando habla con fe, con seguridad, con determinación, con perseverancia, lo va a comunicar a la gente. Su manera de hablar provocará un cambio de actitud no sólo en usted sino también en la gente que lo rodea.

Seguramente usted tiene muchas oportunidades en este momento; tiene muchos sueños que desea cumplir. No dudo que hay personas que le han dicho que es imposible alcanzarlos, que es difícil hacer lo que usted quiere hacer. ¿Sabe qué? Cuando alguien le diga: "Mira, la verdad es que lo que tú quieres hacer es grande, es difícil", no se desanime. Todo lo que usted piensa que se puede cumplir — lo que con mucho entusiasmo siente en su corazón que se puede hacer —, lo puede desarrollar y producir esa confianza y esa determinación que, inevitablemente, lo van a llevar a que sus sueños se hagan una realidad.

La renovación de sus pensamientos es la única forma que usted tiene para utilizar sus recursos; para empezar a despertar al gigante dormido que hay dentro de usted, que quiere salir, que está deseoso por salir y que sabe que sólo puede salir si usted le da permiso. Ahora le estoy entregando la llave para que abra la celda donde está encerrado ese gigante dormido; y la llave es su forma de hablar.

Usted le dará vida a sus sueños mediante la forma en que hable; mediante la forma en que usted piense; mediante la visión que desarrolle en su vida.

Para renovar sus pensamientos, sencillamente enfoque su atención en las cosas buenas que usted tiene y en las cosas buenas que usted quiere. Siga en pie de lucha y en victoria.

4

SI USTED CREE, USTED PUEDE

Entre los cinco mil millones de habitantes que hay en nuestro planeta, no hay ninguno parecido a usted. Usted es original; no hay fotocopia suya. Como ya he mencionado, todas las personas están constituidas de la misma forma. Tenemos 208 huesos, 500 músculos y 7.000 nervios. Podemos hablar 150 palabras por minuto, y escuchar de 450 a 750 palabras por minuto. Respiramos 2.400 galones de oxígeno diario. Podemos comer; podemos sentirnos amados; tenemos un espíritu. Pero a pesar de que tenemos los mismos recursos somos diferentes; hasta los gemelos, que muchas veces son idénticos físicamente, son muy diferentes en sus pensamientos y sus emociones.

Lo importante es que usted se sienta orgulloso porque no hay otra persona igual a usted. Usted es un ser especial; es original. Tiene habilidades y talentos que quizás todavía no haya descubierto. Puede ser que no los haya reconocido todavía, o que no los haya desarrollado. Tal vez los haya comenzado a desarrollar; pero no los ha perfeccionado.

Sería bueno que haga un inventario de sus talentos y de sus habilidades. Puede ser que usted sea un excelente escritor en potencia, un excelente motivador. Tal vez usted es abogado, ingeniero, cantante, padre, esposo . . . siempre haga todo lo posible por ser excelente. La excelencia marca la diferencia.

Cuando usted requiere de sí mismo lo mejor, salen a relieve las cosas maravillosas que usted tiene escondidas.

No confunda la excelencia con la perfección, porque estamos en un proceso de crecimiento. Nuestra vida se va puliendo como un diamante y se requiere que seamos flexibles. Hay muchas cosas en nuestra vida que no son perfectas; pero caminamos hacia la perfección.

Comience a preguntarse si usted realmente cree. ¿Qué cree y en qué cree? Comience a ser más consciente de quién es usted; a establecer unas metas en su vida que le den propósito y significado. Comience a conocer y cambiar los sentimientos que están afectando su desarrollo personal, para producir un cambio profundo en su carácter, que lo lleve a convertirse en la persona que usted aspira ser. Comience a pagar el precio de llevar una vida rica, estimulante, llena de felicidad, de paz y de tranquilidad, a pesar de las adversidades.

El éxito es un estilo de vida; es una actitud. Significa vivir cada minuto sabiendo que tenemos muchas cosas buenas por hacer. Es saber que tenemos la capacidad de cambiar nuestro estado emocional en sólo tres segundos. Es saber que podemos producir felicidad, paz, amor, tranquilidad, energía, alegría y gozo.

**Nuestros sueños determinan nuestros logros.
No podemos aspirar grandes cosas si no
tenemos la capacidad para soñar y visualizar.**

¿Ha reflexionado en que por cada minuto que pase abatido, enojado, frustrado y temeroso, va a necesitar once minutos de reacciones positivas para volver a la normalidad? Por lo tanto, tiene que entrenarse a cambiar de lo negativo a lo positivo.

Le puedo ofrecer la clave para ese entrenamiento. El hecho de que usted sepa que está respirando dos mil cuatrocientos galones de oxígeno, que puedes hablar cientos de palabras por minuto, que tiene el potencial de llevar a cabo grandes proyectos le puede ayudar a cambiar. Nuestros sueños determinan nuestros logros. No podemos aspirar grandes cosas si no tenemos la capacidad para soñar y visualizar. Le garantizo que si no anota lo que usted quiere hacer, lo que aspira y lo que le gustaría cumplir en su vida, no va a salir del estancamiento; nunca va a llegar a creer en sí mismo.

Permítame hacerle estas preguntas:

- ¿Qué país le gustaría visitar?
- ¿Dónde le gustaría tomar unas vacaciones?
- ¿Cuál sería el lugar ideal para pasar unas vacaciones y reorganizar su vida?
- ¿En qué casa le gustaría vivir?
- ¿Qué automóvil le gustaría manejar?
- ¿Qué perfume le gustaría usar?
- ¿Qué ropa le gustaría vestir?
- ¿Qué cantidad de ingresos necesita para el nivel de vida que lleva?
- ¿Qué cambios emocionales le gustaría producir?
- ¿Cuántos idiomas le gustaría hablar?
- ¿Qué educación desea proveerles a sus hijos?

Dedique tiempo, sin interrupción, ya sea en el parque, en la playa o en una habitación y pregúntese: "¿Qué quiero lograr con mi vida?" Esa es la primera pregunta que debe contestar si quiere producir un cambio profundo en su vida y si quiere desarrollar su fe. La fe es la convicción de haber recibido lo que aún no se ve. Es la certeza de que uno aspira a algo.

Los Estados Unidos es una nación experta en las estadísticas. Casi todo se mide a través del éxito de las personas; sin embargo, las estadísticas no son las más alentadoras. Se informa que el sesenta y cinco por ciento de la fuerza laboral no se encuentra satisfecha con el trabajo que realiza. El cincuenta por ciento de los matrimonios fracasan; no consiguen la felicidad soñada. El ochenta por ciento de las personas que se jubilan lo hacen en unas condiciones económicas muy desfavorables, a pesar de que han trabajado toda la vida. Sólo el cinco por ciento de la población tendrá solvencia económica cuando se jubile.

Aunque los Estados Unidos es la nación más rica del mundo, ¿por qué a la gente se le hace muy difícil realizarse? La verdad es que a las personas se las educa en matemáticas, en idiomas, en diferentes ciencias, en el uso de computadoras y en los deportes; pero no se les enseña a administrar su vida, sus sentimientos y su visión. Y creo que lo mismo ocurre en todos los países.

Nos levantamos todos los días a resolver problemas; a cumplir con los deberes en nuestro trabajo; a satisfacer las necesidades físicas, sociales, emocionales y espirituales. Desarrollamos unos hábitos que se convierten en un piloto automático que nos lleva a vivir muchas veces de una forma muy aburrida, sin sentido y sin visión.

Quizás usted pertenezca al pequeño grupo de personas que, según estudios realizados, se encuentran motivadas, que tienen metas definidas, que saben controlar sus sentimientos, y que están realizando sus objetivos de una forma eficiente. Si no pertenece a ese grupo y quiere producir cambios radicales y profundos en su vida, le recomiendo que abra su corazón, su mente y su espíritu para identificar el potencial del gigante dormido que descansa dentro de usted y que quiere salir a realizar grande proyectos y cumplir sus sueños.

Podemos comparar al gigante dormido con un elefante del circo, que a pesar de ser un animal fuerte que pudiera arrastrar con todo el circo, está amarrado a una soga de unos pocos metros y se queda tranquilo porque cuando era pequeño lo amarraron a un árbol grande, con una cadena fuerte. El elefante trató muchas veces de soltarse y, como no pudo, se dio por vencido.

Puede ser que a usted lo hayan amarrado a las cadenas de una autoimagen pobre; a las frustraciones de una sociedad deprimida y angustiada; a un sinnúmero de reglas, referencias, creencias y emociones negativas que están paralizando su espíritu, su imagen y su creatividad. Todo eso está impidiendo que se desarrolle en la persona que usted tiene derecho a ser.

El programa "Motivando a nuestra gente" tiene el propósito de ayudarle a identificar los recursos, las herramientas y las estrategias que le permitan establecer una guía para un plan maestro. Según ese plan usted puede desarrollar su potencial y convertirse en la persona que usted siempre ha soñado ser. Pero para lograrlo tiene que creer en usted mismo.

Lo que aspiro con esta obra es que usted asuma su responsabilidad y haga un compromiso de que realmente desea lograr un cambio. Imagínese la satisfacción que sentirá cuando se levante cada mañana y pueda darle gracias a Dios por una vida extraordinaria, llena de sueños, esperanzas y propósito.

El comienzo del cambio requiere que usted tome una decisión. Tiene que hacer un compromiso de la misma manera que decidió seguir una carrera; de la misma manera que se comprometió a hacer feliz a su cónyuge.

Si usted es padre o madre, ¿recuerda cuando nació su primer hijo? Usted se comprometió a dar todo lo suyo para proveer los recursos necesarios para que esa persona fuera feliz. Así también, usted tiene todos los recursos para ser una persona exitosa. ¡Depende únicamente de usted!

Imagínese la satisfacción que sentirá
cuando se levante cada mañana y pueda darle
gracias a Dios por una vida extraordinaria,
llena de sueños, esperanzas y propósito.

Tenemos que acondicionarnos para tener éxito. Tenemos que acondicionar nuestro sistema nervioso para poder amar a una persona, para tener un cuerpo perfecto, para poder controlar nuestros sentimientos. A través del acondicionamiento podemos desarrollar pensamientos y pautas que nos dirijan hacia el éxito consciente y verdadero.

El acondicionamiento es un proceso que constantemente necesita recibir refuerzos. Esos refuerzos le pueden producir placer, como cuando usted recibe un cheque inesperado o cuando recibe una buena noticia. Entonces se siente fuerte y vigoroso, ¿no es cierto?

Cuando usted trabaja y ve resultados, esos son refuerzos que lo estimulan para que siga trabajando. Y si usted sabe que seguir cierta dirección lo va a llevar al fracaso, y le va a producir dolor a usted y a su familia, se mantiene alejado de esas circunstancias negativas, ¿verdad?

Constantemente tenemos que estar tomando decisiones.

Recuerde que lo que determina nuestras emociones y nuestro comportamiento son los sentimientos que condicionan nuestro sistema nervioso. Tenemos que creer. ¡Si usted cree, usted puede!

Usted puede crear un cambio perdurable en su vida. No sólo *puede*, sino que debe darse cuenta de que *tiene* que cambiar. Usted necesita creer que tiene que cambiar. Usted tiene que ser la fuente del cambio perdurable; el instrumento para producir el cambio. Para cambiar, tenemos que creer que podemos cambiar.

¿Cómo podemos condicionar nuestra mente para producir los resultados que deseamos? Nuestra mente espera curiosamente las órdenes que le demos y está preparada para llevar a cabo cualquier cosa que le pidamos. Nuestra mente no sabe diferenciar entre lo positivo y lo negativo; no sabe diferenciar entre lo que es bueno y malo. Lo que recibe, lo que le damos, es lo que entra en esa computadora que es nuestro cerebro.

Todo lo que usted necesita es una pequeña cantidad de combustible, el oxígeno de su sangre y un poco de glucosa. Su mente es capaz de procesar hasta treinta mil millones de *bits* de información por segundo y posee el equivalente a casi diez mil kilómetros de hilo de cable. Eso quiere decir que su mente tiene la capacidad de procesar información masivamente. El sistema nervioso humano contiene unos veintiocho mil millones de neuronas. Las neuronas son células nerviosas diseñadas para conducir nuestros impulsos. Sin ellas, sería incapaz de interpretar la información que recibimos a través de nuestros oídos, de nuestros órganos sensoriales.

La información que usted está recibiendo en este momento va a su cerebro; usted le transmite la instrucción y el cerebro la recibe y da instrucciones acerca de lo que hay que hacer. Esto es sumamente interesante, ya que cada una de las neuronas en sí es una computadora diminuta, capaz de procesar aproximadamente un millón de *bits* de información. Las neuronas actúan independientemente; pero también se comunican unas con otras a través de una red de ciento sesenta mil kilómetros de fibras nerviosas. Una reacción de una neurona puede extenderse a cientos de miles de otras neuronas en menos de veinte milisegundos. Esto es muy rápido; diez veces más rápido de lo que usted se tarda en parpadear.

Teniendo a nuestra disposición este recurso tan poderoso me pregunto: ¿Por qué se nos hace muy difícil sentirnos felices de una forma permanente? Nos cuesta el mismo trabajo sentirnos motivados que deprimidos. Se requiere la misma cantidad de energía. ¿Por qué se nos hace muy difícil cambiar el comportamiento? No queremos estar deprimidos, ni fumar o beber; tampoco queremos comer en exceso. Pero lo hacemos y no cambiamos. ¿Qué nos impide sacudirnos de la depresión? ¿Por qué no dejamos de lado nuestras frustraciones para sentirnos alegres y felices cada día? Le garantizo que se puede hacer.

***Mientras más duro se pone el camino, más fuerza,
más energía, más creatividad,
más perseverancia y más fe se requiere.***

Tenemos la computadora más increíble que existe en el planeta Tierra; pero desafortunadamente nadie nos ha adiestrado para usarla. Mientras más usted practique las cosas positivas y los pensamientos positivos, más fuerte se convertirá. Recuerde que si no usa su computadora, esa máquina maravillosa se va a enmohecer. Si no tiene el valor para producir un cambio en usted, ¡nadie lo va a hacer por usted!

El compromiso que usted tenga con usted mismo va a determinar la victoria o la derrota. También el amor que usted sienta hacia usted mismo determinará si vivirá en victoria o en derrota.

Mientras más duro se pone el camino, más fuerza, más energía, más creatividad, más perseverancia y más fe se requiere. La visión que usted tiene de sí mismo, de su familia, de su comunidad y de su país es lo más importante cuando se encuentre frustrado, deprimido y rendido porque no consigue los resultados que aspira. La fe — la convicción de ver realizado lo que aún no se ve — es un elemento indispensable para recuperar las fuerzas y seguir luchando a pesar de las dificultades.

La perseverancia es el hábito de seguir luchando hasta conseguir la meta que nos hemos propuesto. Si se cae siete veces, ¡levántese ocho! Si le falla su gente, continúe buscando opciones hasta conseguir la fórmula para alcanzar tus metas.

Hemos sido acondicionados a rendirnos, a dejar de lado las cosas ante el primer obstáculo que se nos presenta. Generalmente, nos vemos muy pequeños ante los obstáculos y cambiamos de rumbo, de meta, de visión. Muchas veces nos entra un sentimiento de derrota y pensamos que no podemos avanzar. ¿Cómo podemos vencer y cambiar ese espíritu de derrota, de desaliento y de pesimismo que a veces nos ataca? De la misma manera que nos bañamos, que comemos, que descansamos y que nos cambiamos de ropa, necesitamos cambiar nuestros pensamientos. Necesitamos cambiar los video casetes de nuestra mente. Necesitamos cambiar esos pensamientos negativos que oprimen nuestro espíritu y nos hacen vernos derrotados.

Como ya dije, por cada minuto que uno pasa en lo negativo, necesita once minutos positivos para volver a la normalidad. Se puede sustituir lo negativo; se puede cambiar; se puede creer. Y si usted cree, puede vencer.

Tenemos que buscar la dirección de Dios y usar la autoridad que nos ha dado como hijos de Dios. La imagen que usted tiene de sí mismo, el respeto que usted siente hacia su persona y lo que usted quiere desarrollar en su vida son elementos indispensables para poder tener éxito. Es importante que usted se hable todos los días, que reconozca que usted es el arquitecto, el diseñador de su vida. Es importante cómo usted se vea a sí mismo, cómo se siente y cómo se comporta. Hable y respire con tranquilidad y paz, porque el espíritu inspirado por Dios es la herramienta más poderosa para cambiar la derrota en victoria.

No pierda los estribos. No se desespere, porque, si lo hace, pierde el control de su imaginación, su creatividad, su entusiasmo; se nubla su visión y su capacidad para buscar opciones que le permitan conseguir soluciones. Cuando usted se enfada, se disgusta y se enoja, delega el control de sus emociones y pasa a ser víctima de las situaciones que lo están afectando. Mantenga la calma y la tranquilidad. Siéntase seguro de que puede luchar y puede vencer. Recuerde que mientras más grande sea el problema que tenga que enfrentar, mayor oportunidad tendrá para utilizar el potencial que Dios le ha dado. Así reconocerá cuán grandes son sus capacidades.

Manténgase en pie de lucha y en victoria. Para que lo pueda hacer, lo invito a mantenerse en dieta los próximos diez días. Se trata de una dieta mental. Una de las características de las personas que tienen éxito es que son consecuentes y tienen la capacidad de establecer nuevos hábitos para sustituir las situaciones negativas que les están afectando. La dieta mental de diez días va a ayudarle a eliminar todos los pensamientos negativos que están fluyendo por su mente; podrá eliminar esos pensamientos y cambiarlos por pensamientos positivos.

Se sorprenderá al descubrir con cuánta frecuencia su mente recibe pensamientos no productivos, llenos de temor, de dudas, de preocupación. Muchas veces pensamos que es algo natural; como siempre hemos vivido así pensamos que así tiene que ser. La preocupación lleva a una persona a un estado emocional que la neutraliza, y la inutiliza para realizar cosas y buscar soluciones. ¿Por qué? Porque la preocupación enfoca su atención en el problema y no en la solución.

Cambie su estado emocional haciéndose estas preguntas:

- ¿Qué puedo hacer?
- ¿Qué puedo aprender de esto?
- ¿Qué hay de estupendo en esta situación?
- ¿Qué no es perfecto todavía?

Al hacerse preguntas, usted enfocará su atención en las cosas positivas. Las personas que tienen éxito pueden mantener sana su mente aun en medio de las tormentas emocionales. ¿Cómo lo hacen? Pues no enfocan su atención en las cosas negativas; no gastan más de un diez por ciento de su tiempo en los problemas, pero emplean el noventa por ciento en buscar soluciones.

Durante los próximos diez días, dedique todo su tiempo a buscar soluciones. Comprométase a seguir este desafío mental, ya que le estará enviando un nuevo mensaje a su mente. Le estará pidiendo sentimientos positivos y capacitadores, que lo van a enriquecer. Usted se hará preguntas que lo inspiren y lo lleven a tener una nueva visión; a creer en usted mismo.

Este desafío no es para personas inseguras y débiles que no están comprometidas con una visión de su futuro. Este desafío es para las personas que se comprometen a acondicionar su sistema nervioso para una nueva pauta emocional, que les permita capacitarse y conducir su vida hacia un futuro limpio de basuras, y de pensamientos negativos y destructivos que han estado paralizando su desarrollo y su calidad de vida.

No se fije en las dificultades del pasado; ya el pasado está muerto. Lo único que es real y verdadero es el ahora y el futuro.

Muchas veces, al enfocar nuestra atención en las cosas negativas, producimos la cárcel que encierra todas las cosas buenas que tenemos dentro de nosotros mismos. Este ejercicio le favorecerá en cuatro aspectos:

1. Le permitirá analizar los pensamientos que corren por su mente.
2. Le ayudará a buscar opciones positivas para cambiar su estado emocional.
3. Producirá confianza en usted mismo.
4. Creará un nuevo hábito, desarrollando una expectativa que lo llevará a expandir su visión personal.

Una vez que usted desarrolle el hábito de pensar positiva-mente, sus viejas pautas no volverán. Así habrá eliminado las influencias tóxicas de los pensamientos negativos.

¡Levántese a conquistar lo que le pertenece! Para eso tiene que creer en usted mismo, y tiene que definir exactamente cuál es su visión y su propósito en la vida. Debe saber administrarse a sí mismo; debe aprender a cambiar su estado emocional, a no enfocarse en las cosas difíciles sino enfocarse en las soluciones.

¡Levántese y caminemos juntos en esta nueva jornada! Usted tiene solamente un destino y es el de convertirse en el arquitecto y en el diseñador del futuro de su vida. Déle gracias a Dios todos los días porque tiene la capacidad de cambiar.

No se fije en las dificultades del pasado; ya el pasado está muerto. Lo único que es real y verdadero es el ahora y el futuro. No importan los fracasos del pasado; lo importante es el presente y hacia dónde vamos. Caminemos juntos . . . paguemos el precio . . . ¡actuemos!

Si toma acción, le garantizo que será una nueva persona. Dé los pasos necesarios en la conquista de lo que le pertenece. Dios le dio la vida para que la disfrute, para que desarrolle al máximo sus capacidades y para que contribuya todo lo posible en bien de la humanidad. ¡Si usted cree, usted puede!

5

LOS RESULTADOS
DEPENDEN DE USTED

Puedo darle toda la información necesaria sobre el camino del éxito; pero si usted no toma una decisión sincera y firme, y si no está dispuesto a pagar el precio para cumplir sus sueños y las metas que aspira alcanzar, sinceramente, le digo que será una pérdida de tiempo.

Hay muchas personas sinceramente interesadas en seguir luchando para alcanzar una vida llena de satisfacciones y logros. Hay otras que no están dispuestas a buscar alternativas sino que se han acondicionado y se han acostumbrado a vivir de una manera mediocre a tal punto que su gigante no está dormido sino que está muerto.

Si usted tiene el deseo de despertar al gigante dormido e ir hacia adelante y buscar resultados, le garantizo que alcanzará lo que se propone si paga el precio. Recuerde que el precio del éxito se paga por adelantado, al contado y trabajando.

Tengo un escrito que se titula: "Los resultados dependen de usted." Es verdad, los resultados dependen de usted mismo. Nunca culpe a nadie, ni se queje de nada ni de nadie, porque fundamentalmente usted ha hecho su vida. Acepte la responsabilidad de edificarse en sí mismo y tenga el valor de aceptar el fracaso para volver a empezar.

El verdadero triunfo de las personas surge de las cenizas del error. Nunca se queje de su ambiente ni de los que le rodean. Hay quienes en su mismo ambiente supieron vencer. Las circunstancias son buenas o malas según la voluntad y la fortaleza del corazón.

Aprenda a convertir las circunstancias difíciles en situaciones favorables. No se queje de la pobreza, de la salud o de las circunstancias; enfréntelas con valor y acepte que de una u otra manera son el resultado de sus actos y la prueba que ha de ganar si paga el precio del éxito.

No se queje por la falta de dinero, porque abunda en muchísimas partes. No se amargue por sus fracasos ni se los cargue a otros. Acéptelos, porque de lo contrario seguirá siempre como un niño justificándose por ellos. Deje ya de engañarse. Usted mismo es la causa de su tristeza, de su necesidad, de su dolor, de su fracaso. Reconozca que usted ha sido el ignorante y el irresponsable; usted únicamente ha sido el que ha realizado su vida. La causa del presente es su pasado, y su futuro será el resultado del presente.

❦

Quienes se atreven a pagar el precio del éxito piensan menos en los problemas y más en las soluciones.

Aprenda de la gente fuerte y activa; de los audaces. Imite a la gente valiente; a los enérgicos y vencedores, a quienes no aceptan las situaciones difíciles. Quienes se atreven a pagar el precio del éxito piensan menos en los problemas y más en las soluciones. Así, automáticamente, los problemas quedan sin aliento y mueren.

Aprenda a ver las grandes oportunidades que le rodean. Aprenda a ver las soluciones a los obstáculos que se interponen al logro de los objetivos. Le aseguro que dentro de usted encontrará una persona que está dispuesta a hacer lo que haya que hacer para conseguir los resultados que usted aspira.

Mírese en el espejo y aprenda a ser sincero con usted mismo. Reconozca su valor y su voluntad, y no se justifique por sus debilidades. Conózcase a sí mismo. Eso será el comienzo de una vida nueva, ya que nadie podrá hacer el trabajo que le corresponde a usted.

Somos el resultado de los obstáculos que muchas veces

encontramos y del ambiente en que nos desarrollamos. La falta de dinero y los fracasos pueden debilitarnos y quitarnos hasta el deseo de vivir. Pero si sabemos utilizar positivamente esas experiencias nos sirven para el futuro; para no volver a cometer los mismos errores.

No importa cuán difícil haya sido su vida, o si ha tenido abundancia, tiene la responsabilidad de utilizar aún más su voluntad, su potencial, su energía, su tiempo y sus recursos para ser una persona más exitosa. Los resultados dependerán de usted.

Mi deseo es apoyarle y darle toda la ayuda que usted necesite para que pueda tener éxito en su vida. Si usted se junta con personas que no saben buscar soluciones, aprenderá de ellas a no buscar soluciones. Si se junta con gente que tiene el entusiasmo, el deseo y la convicción de seguir hacia adelante y de buscar soluciones, aprenderá a buscar opciones para conseguir los objetivos que aspira.

Hay que caminar firme y decidido para conseguir los resultados que uno aspira. Hay que comprometerse con esos resultados. Hay que visualizarlos.

En mi trabajo tengo la oportunidad de hablar con muchas personas. Especialmente en mi trato con los jóvenes he notado mucha inseguridad. La inseguridad y la duda son elementos que causan mucha desesperación, ya que adormecen y limitan el potencial del ser humano.

Los resultados que verá de sus esfuerzos dependerán de la capacidad que usted tenga para utilizar su potencial; pero si está lleno de dudas e inseguridad, va generando una actitud negativa que limitará su potencial.

Amigo lector, no podemos rendirnos. El fracaso viene cuando la gente se rinde. Mientras más difícil sea la situación que tengamos que superar, más debemos acercarnos a Dios para pedir su dirección. Con la ayuda divina podremos utilizar nuestro potencial, generar energía y conseguir resultados. Pero la pregunta es: ¿Qué resultados está buscando?

Si usted está dispuesto a trabajar para lograr resultados positivos en su vida, le pido que tenga a mano papel y lápiz. Con eso puede comenzar a trabajar.

Tal vez usted está cansado o disgustado. Tiene que cambiar ese estado emocional, mental y físico, ya que ese estado es el que paraliza su crecimiento. Recientemente, leí un artículo por el escritor británico, Bernard Shaw, que se refería a la gente que se siente cansada.

Se refería a que el año tiene 365 días de 24 horas, de las cuales 12 horas están dedicadas a la noche y hacen un total de 182 días; por lo tanto, nos quedan 183 días hábiles, menos los 52 domingos, lo cual nos deja 131 días; descontando los 52 sábados quedarían un total de 79 días de trabajo; pero como las 4 horas diarias dedicadas a la comida suman unos 60 días, quiere decir que quedan 19 días para dedicar al trabajo. Como uno goza de 15 días de vacaciones sólo quedan 4 días para trabajar, menos aproximadamente 3 días de permiso, que uno pide por estar enfermo o para hacer diligencias, queda únicamente un día de trabajo. Ese es el día del trabajo, en el cual no se trabaja; por lo tanto, uno no tiene por qué estar cansado. Entonces, ¿de qué se siente usted cansado?

Las excusas solamente satisfacen al que las da y debilitan el carácter del que las acepta.

El cansancio es una actitud. Sencillamente nos levantamos cansados y nos acostamos cansados; nos levantamos deprimidos y nos acostamos deprimidos. Tenemos que aprender a cambiar el estado emocional, cambiando la forma en que nos vemos a nosotros mismos.

No presente excusas por no empezar a trabajar para lograr los resultados que desea. Las excusas, como he dicho anteriormente, solamente satisfacen al que las da y debilitan el carácter del que las acepta.

Con papel y lápiz en mano, empiece a visualizar lo que usted necesita alcanzar, lo que usted quiere. Puede ser algo muy sencillo o algo más complicado. Por ejemplo, tal vez a usted le gustaría comprar un automóvil. Pues, ¿qué automóvil es el que usted quiere? O tal vez usted desea comprar una casa, o quiere estudiar, o desea hacer un viaje de vacaciones. Puede ser que desea terminar un doctorado, o tal vez quiere mejorar su condición físicas. No importa lo que usted quiera alcanzar; si se lo propone, lo va a cumplir.

Todo lo que usted vívidamente imagine, ardientemente desee, sinceramente crea, entusiastamente entienda . . . inevitablemente sucederá.

Una vez que uno establece la lista de cosas que desea, hay que escoger las metas que uno considera más importantes. Puede ser que sea mejorar los conocimientos del idioma inglés, terminar los estudios universitarios, conseguir un nuevo trabajo, mejorar las relaciones con el cónyuge o aumentar los ingresos.

Es importante ser específico en lo que uno desea. Visualizar lo que uno desea, con lujo de detalles, es dar el primer paso para conseguir los resultados.

La visualización es la capacidad de ver, de imaginar, de crear en su mente lo que usted va a hacer. Todo lo que hacemos generalmente lo vemos primero antes de hacerlo. Si usted va a comer, ya sabe a qué restaurante o a qué cafetería va a ir. Si va a levantarse para vestirse en la mañana, usted sabe qué ropa se va a poner ese día. Hemos sido programados de tal manera que muchas veces antes de hacer lo que vamos a hacer, ya vemos los resultados que queremos alcanzar.

¿Se da cuenta de que es importante desarrollar el hábito de empezar a ver específicamente lo que queremos cumplir? Es precioso cuando uno se da cuenta de que tiene la capacidad de ver específicamente lo que va a suceder o lo que uno quiere realizar. Esa visualización desarrolla lo que se llama la fe, siendo la fe la convicción de "ver" lo que aún no se ve.

Cuando uno tiene fe de que puede alcanzar lo que quiere y desea, automáticamente empieza a desarrollar confianza. Esa confianza lo lleva a actuar y a buscar soluciones a los obstáculos que se interponen en la consecución de las metas.

Cuando usted empieza a desarrollar confianza y fe en que es factible lo que desea o aspira, desarrolla determinación. Esa determinación lo lleva a actuar. Usted sige todos los pasos en el proceso para alcanzar la meta que se ha propuesto, es decir, usted empieza a moverse para hacerlo una realidad.

Se dice que no podemos y no debemos vivir sin planificación. Si no planificamos nuestra vida, no logramos los mejores resultados. Cuando uno empieza a planificar, a visualizar, a desarrollar fe, confianza y convicción, uno empieza a contagiarse de entusiasmo y a utilizar parte de la imaginación y de la creatividad que antes no estaban siendo utilizadas eficientemente. En ese momento, el sueño que uno quiere cumplir lo invita a actuar; lo emociona y lo motiva a moverse y a realizarse.

Hay unos elementos que muchas veces anulan la capacidad de utilizar la visualización. Está comprobado que uno de ellos es la preocupación. La preocupación se define como "ocuparse anticipadamente de la situación". Muchas personas invierten días, semanas y meses preocupándose por una situación. Cuando pasa el tiempo, nada de lo que tanto los preocupaba sucede.

El ser humano está rodeado de demandas y de situaciones que requieren constantemente buscar alternativas para solucionar los problemas. Es de lamentar que muchas veces las personas dedican el tiempo al problema y no a las soluciones para establecer metas y conseguir los resultados que son importantes para su vida.

Clínicamente se ha definido la preocupación como una congoja o un estado mental erróneo en el cual la mayoría de las personas caen. Esa congoja es una ansiedad o una inquietud. En los centros comerciales, muchas veces se puede ver a la gente hablando sola; preocupada. En el trabajo las personas están haciendo una labor; pero el pensamiento está en la situación del marido, de la hija, del hijo, del cuñado, de la mamá enferma . . . Cuando vienen a ver su productividad, su eficiencia está por el suelo, porque no se pueden concentrar. ¿Será porque las personas no saben diferenciar entre lo que es estar preocupado y estar ocupado?

La preocupación causa inacción; debilita la visualización, la imaginación y la creatividad. Al limitarla, uno no acciona y no busca soluciones. Significa que cuando uno está preocupado, la inteligencia y la creatividad empiezan a suprimirse, a tal extremo que uno hasta puede enfermarse.

Por lo dicho, usted se habrá dado cuenta de que uno de los hábitos más negativos que tiene el ser humano es la preocupación. La preocupación puede generar un desequilibrio en el sistema digestivo. Indispone el estómago y uno sufre de irritaciones estomacales y acidez. El diagnóstico del médico es que uno está perfectamente bien, que no tiene nada. Pero, en realidad, está siendo consumido por la preocupación.

Tenemos que ser muy cuidadosos y no dejarnos vencer por el elemento negativo de la preocupación.

El noventa por ciento de las personas se preocupan constantemente. Siguen un hábito negativo de preocupación en vez de utilizar el potencial que Dios les ha dado. Le recomiendo que no invierta más del diez por ciento de su tiempo en los problemas y, más bien, el noventa por ciento en buscar soluciones.

Tenemos que ser muy cuidadosos y no dejarnos vencer por el elemento negativo de la preocupación. Debemos de empezar a evaluarnos y ver cuáles son las cosas que nos causan esa ansiedad para sacarlas a la luz y no permitir que nos dominen, nos controlen y nos debiliten.

Cuando una persona empieza a ver la vida de una forma positiva, sin importar las adversidades — sabemos que la vida tiene adversidades —, hay una gran diferencia. Esa diferencia es la actitud ante las adversidades. Empieza a entender que puede solucionarse el problema, porque no hay problema sin solución. Y esa actitud empieza a desarrollar la confianza y la determinación que se requiere para conseguir los resultados.

Para controlar sus sentimientos de preocupación, hágase las siguientes preguntas:

- ¿Qué puedo aprender de esta situación que me está afectando?
- ¿Qué cosas todavía no son perfectas?
- ¿Qué cosas tengo que mejorar?

Cuando usted empieza a preguntarse con qué está comprometido y cómo puede mejorar su vida, automáticamente quita el enfoque del problema y empieza a buscar soluciones.

Cuando usted decida empezar a trabajar para lograr resultados positivos, firmes y decididos, ha subido el primer escalón que se requiere para llegar a la cúspide del éxito. Cuando decida lo que quiere hacer en los próximos sesenta meses, en los próximos ciento veinte meses, en los próximos doscientos cuarenta meses, en los próximos cinco, diez, quince y veinte años, y empiece a establecer lo que quiere realizar física, espiritual, cultural y socialmente, lo que quiere lograr en el campo intelectual, económico y profesional, habrá empezado a escribir el libro del éxito de su vida.

Escribir ese libro no es un proceso fácil; pero puedo garantizarle unos resultados positivos en la vida si se decide hacerlo. Creo que toda persona tiene derecho a vivir, a llevar una vida plena y disfrutar la vida; pero tiene que planificar la calidad de vida que desea desarrollar.

Se cuenta de un joven que se graduó de la universidad. Le hicieron una invitación para que empezara a ahorrar y dijo que no. Consideraba que estaba muy joven y decidió que cuando empezara a trabajar iba a ahorrar. Cuando empezó a trabajar decidió no ahorrar nada porque necesitaba dinero para comprar su automóvil y su ropa. Luego se casó y tuvo dos hijos. Ya se le hacía difícil ahorrar porque los niños consumían mucho. Había que pagar la renta, los alimentos y la ropa. Cuando sus hijos se fueron a la universidad, el papá, que no ahorró nunca, tuvo que hipotecar la casa para pagarles los estudios. Ahora es un hombre de sesenta y cinco años de edad, con una pequeña pensión del seguro social. Dice que no le alcanza para vivir y que necesita ser apoyado por sus hijos. Ahora tiene que vivir con los hijos, dependiendo de ellos. Ese es el resultado de no haber ahorrado.

Tenemos cientos de millones de personas jubiladas en América Latina y en los Estados Unidos que sufren necesidad. Más del sesenta y cinco por ciento de nuestros jubilados están en quiebra, muchas veces por falta de planificación.

Medite un momento en lo que usted quiere alcanzar. Medite sobre lo que quiere realizar y entienda que nadie va a resolverle sus problemas. Si no se siente satisfecho con la condición de vida que lleva, y si cree que puede mejorar, tiene que empezar a evaluar su futuro. ¿Cómo está escribiendo el futuro de su vida? ¿Ha logrado todo lo que desea y puede lograr?

Es urgente que usted empiece a administrar eficientemente su tiempo. También es urgente enseñarles a los jóvenes a planificar ahora su futuro.

La planificación debe convertirse en un hábito, en una actitud a todos los niveles: en el hogar, en el trabajo, en la escuela. Si aprendemos a planificar, veremos gente con dirección en la vida; gente que logrará grandes resultados.

6

LOS GENERADORES
DE MOTIVACIÓN

La motivación es un tema que ha revolucionado mi vida, y estoy seguro que es un tema que va a revolucionar también su vida.

¿Qué es la motivación? ¿Qué nos motiva las veinticuatro horas del día? Desde que una persona está en el vientre de su madre está motivada: pide alimentos y necesita amor. Se dice que en el vientre materno todas las necesidades son satisfechas a plenitud. El hombre es el ser que más motivación puede generar, y la capacidad que tiene para generar motivación es ilimitada.

Creo sinceramente que toda persona tiene el derecho a aprender a motivarse a sí misma. Es lamentable que en el sistema de educación no se les enseñe a los jóvenes a reconocer la capacidad que tenemos de generar motivación y de lograr cambios de actitudes para poder enfrentarnos a las demandas de la vida.

La motivación es el deseo que nos impulsa a desarrollar las cosas que deseamos hacer. Hay un motivo que nos lleva a realizar lo que deseamos. Esa motivación puede ser generada por impulsos externos así como por necesidades internas.

Digamos que una mamá le dijera a su hija: "Vete a lavar los platos, por favor", y la hija se levantara voluntariamente para hacerlo. Sería porque hubo la combinación de una solicitud externa y el compromiso interno que tiene esa hija de ayudar a su mamá.

Muchas veces eso sucede de distintas formas. A mí me decían: "Por favor, ve y bota la basura." Ese era uno de los trabajos que menos me gustaba hacer, y no lo hacía. Pasaban dos, tres horas, y hasta dos días, y no botaba la basura. Entonces mi mamá o mi papá me daban un "cocotazo". Cuando uno recibe ese golpe, acostumbra motivarse; cumple su deber a base del castigo. El recibir un cocotazo es la motivación externa para actuar.

Algo similar sucede cuando a alguien le dicen: "Te voy a dar cinco pesos para que me laves el auto." La persona se levanta de la silla e inmediatamente se la ve con el equipo en mano: manguera, balde, jabón y cepillos. Lava el auto bien motivado y a la media hora está reluciente. Esa motivación se conoce como *motivación de incentivo*.

Digamos que usted se encuentra con una persona que hace dos días no ha comido nada. Tiene el estómago vacío porque no ha comido, y usted le dice: "Chico, acompáñame a casa. Vamos a preparar una parrillada con chuletas, salchichas y pollo." ¿Puede imaginarse cómo reaccionaría esa persona? Me imagino que se pone muy contenta, y que la sangre empieza a correr por su cuerpo con más velocidad; respira de una forma más rápida y se siente feliz porque va a acabar con lo que está acabando con ella: ¡el hambre! Esa es una *motivación básica*.

Los seres humanos tienen la capacidad de generar motivación constantemente; pero los niveles de motivación no son permanentes, ni son iguales. Yo no estoy totalmente motivado las veinticuatro horas del día. Sí estoy motivado; pero mis niveles de motivación varían de acuerdo a las circunstancias, las metas y los objetivos por los cuales estoy viviendo. En un momento dado puedo estar indispuesto y mis niveles de motivación declinan.

Aunque no siempre estoy totalmente motivado, sí tengo una actitud positiva para controlar mis sentimientos y hacerles frente a las demandas de la vida. Busco soluciones a los problemas que me impiden ser feliz, a los problemas que me impiden seguir adelante.

Los seres humanos hemos sido adiestrados a generar motivación en unos niveles muy bajos. Pocos son los que han encontrado sus niveles máximos de energía. Nos levantamos en la mañana sin encender el corazón, sin chispa. Por lo tanto, no podemos motivar a los demás. Como personas tenemos la capacidad, no sólo de motivarnos a nosotros mismos, sino de provocar motivación en otros.

Tengo un lema personal que es: "Siempre estamos en pie de lucha y en victoria." ¡Estoy decidido a ganar la batalla! A eso lo llamo *la contaminación de la motivación*. Se trata de una contaminación positiva, ya que en cualquier lugar la gente es motivada. Todo el mundo se contamina; todo el mundo se siente contento y eufórico porque hay un ambiente positivo, lleno de esperanza, felicidad y prosperidad. Ese es un ambiente fabuloso. Pero también he vivido momentos llenos de duda, llenos de falta de confianza y seguridad.

Muchas personas han sido condicionadas a tener un estilo de vida negativo. Siempre están pensando en que no pueden hacer las cosas; dudando de que algo bueno se pueda llevar a cabo. Tienen falta de fe y piensan que nunca podrán realizar sus sueños, si es que tienen alguna aspiración.

Considero que la primera enfermedad de nuestro pueblo latinoamericano es la falta de fe, la falta de confianza y seguridad. Es también la falta de determinación y de propósito. ¿Cómo vamos a resolver ese problema? Hay que enseñarle cuanto antes a nuestra gente a cambiar las actitudes de falta de fe y de dudas que están impidiendo que salgan a la luz las cosas buenas que hay dentro de cada persona. Hay que cambiarle su estado emocional; hay que cambiarles la computadora que tienen en su mente que está llena de información incorrecta. Hay que transformar sus actitudes.

Usted necesita aprender a motivarse a sí mismo; a desarrollar un propósito que empiece a generar una motivación permanente, siguiendo una visión. Esa visión genera una motivación contagiosa y positiva; una motivación que lo podrá mantener en pie de lucha y en victoria.

Así como hay una motivación positiva, también existe una motivación negativa. Todos los días usted y yo hacemos muchas cosas con el piloto automático. No sabemos si es algo positivo o negativo porque actuamos automáticamente.

Cuando una persona roba un automóvil, está motivada; cuando le quita la vida a otra persona, está motivada. Aunque esa motivación es muy negativa.

Cuando una persona está motivada por una circunstancia externa, puede ser que a la vez esté motivada por una circunstancia interna. Tal vez está muy enojada, o tal vez tiene una necesidad económica o de salud. Se entiende que esa motivación se puede corregir.

Volvamos a lo fundamental, al estilo de pensamiento del ser humano, a sus conceptos éticos y morales, a sus actitudes, a sus creencias, a sus hábitos. Estos van a producir resultados.

Para motivarse a uno mismo, hay que conocerse, y hay que reconocer las cosas buenas que uno tiene, las cosas que lo hacen feliz, las cosas que le enriquecen la vida. También hay que conocer las cosas negativas y débiles que uno tiene que cambiar, lo que todavía no es perfecto.

Nadie es perfecto; pero podemos aspirar a ser perfectos. Aunque no podamos lograr la perfección ahora, puede ser que en un futuro cercano podamos alcanzarla. Me refiero a la excelencia: la capacidad de hacer lo mejor que se pueda.

Dios nos ha dado un precioso regalo. Es un regalo que puede producir grandes resultados; un regalo que nos permite generar grandes satisfacciones; un regalo mediante el cual podemos ayudar a otras personas; un regalo que nos permite producir nuevas vidas; un regalo a través del cual podemos transformar a la gente. ¡Ese regalo es la vida! Lamentablemente no hemos aprendido a valorizarlo. Es un regalo bello, de un valor extraordinario.

El primer requisito para generar motivación permanente es preguntarse: "¿Quién soy? ¿Qué deseo en la vida?" Es algo bien sencillo. Cuando una persona reconoce que tiene todos los recursos dentro de sí y genera una actitud positiva hacia sí misma, eso produce una motivación positiva. Porque tiene visión puede convertirse en un motivador profesional.

Yo no puedo cambiar a nadie. La única persona que puede

cambiarlo a usted, es usted mismo. Usted es quien toma la decisión de producir cambios profundos en su carácter.

Podemos leer cientos de libros sobre la motivación, escuchar cientos de conferencias y seminarios, pero hasta que no reconozcamos que dentro de nosotros está la máquina para generar esta motivación, no iremos muy lejos.

Es como el atleta que se levanta todos los días a correr. Camina y practica. Practica durante siete años para ir a unas olimpiadas a competir por una medalla. Se disciplina, persevera y es constante en sus prácticas.

La motivación significa averiguar lo que uno quiere. Después que uno descubre lo que quiere, se debe buscar las opciones para conseguirlo. Se puede decir que la motivación es lo que le da significado a la vida.

Siempre les pregunto a los participantes en mis seminarios:

- ¿Qué quieres en la vida?
- ¿Por qué lo quieres?
- ¿Qué te hace feliz hoy?
- ¿Con qué estás comprometido?

Cuando la gente identifica lo que quiere en la vida, tiene una razón para vivir y lucha para seguir adelante.

Sería un sueño que los suicidios disminuyeran. Usted dirá: "¿Por qué me habla de suicidios?" ¿Sabe que en veinticuatro horas cerca de veinticinco mil personas en los Estados Unidos van intentar suicidarse? Y muchas de esas personas lo van a lograr. Desprecian el precioso regalo que recibieron porque no tiene una razón por la cual vivir.

Una persona puede tener de todo: dinero, fortuna y libertad, y aun así, su vida puede carecer de significado. Tiene un vacío en su interior que nada ha podido llenar. Yo tuve esa experiencia.

Mi primer negocio lo puse a los doce años de edad. Vendía zapatos por catálogo. Me acuerdo que en una central de caña, una de las personas que dirigía la planta, me recomendó que les ofreciera a los ochocientos trabajadores de la planta unos zapatos que tenían un pedazo de acero que protegía los pies de los empleados. Unas semanas antes uno de los empleados había perdido uno de sus pies en un accidente. Esa situación me hizo empresario a los doce años de edad.

Vendí cerca de doscientos pares de zapatos el primer mes, y el primer año llegué a vender cerca de ochocientos pares. Eso implica muchos zapatos.

Al vender los zapatos, me di cuenta de que tenía la habilidad de hablar con la gente, de comunicar. Un jovencito bajito y delgadito hablaba con los jóvenes empleados de aquella planta.

Después llegué a desarrollarme como empresario en aquella planta. A los dieciocho años de edad puse una exterminadora de insectos. Y estudié en la universidad gracias a los insectos. Así terminé mi bachillerato.

Seguí desarrollando negocios, teniendo éxito y abundancia. Me casé con una mujer extraordinaria que me dio unos hijos preciosos. Tuve automóviles, fiestas y reconocimientos. Pero llegó el momento en que dije: "Todo esto me motiva; pero no me satisface." Había satisfecho todas mis necesidades físicas, económicas, intelectuales y profesionales; pero mis necesidades espirituales no estaban satisfechas.

Jesucristo es el más grande motivador del mundo. Cuando uno llega a conocerlo y establecer una relación personal con Él, entiende que el amor y la paz que Dios le da al hombre no la produce el dinero, ni los buenos empleos, ni el nivel social, ni nada en el mundo, porque son necesidades distintas.

Usted no puede jugar baloncesto con las reglas de fútbol, ni puede jugar balompié con las reglas de voleibol. Así tampoco puede satisfacer sus necesidades físicas con los recursos que necesita para satisfacer sus necesidades espirituales; y las necesidades espirituales se satisfacen de forma diferente. De una sola forma: por la comunicación directa con Dios.

Ese es el problema: las cosas materiales han sido nuestra motivación, y hemos sacado del juego las necesidades espirituales, que no se pueden satisfacer a menos que tengamos una relación personal con Dios.

Qué bonito es decir: "Me siento feliz porque he encontrado la paz que Dios ofrece. He encontrado la felicidad de tener un hogar saludable, un negocio extraordinario y una vida profesional que me produce la satisfacción de ayudar a miles de persona a cambiar su vida."

Me alegra saber que he podido desarrollar el potencial que Dios me ha dado, usando la imaginación y la creatividad para ayudar a otras personas a producir cambios permanentes.

La motivación es identificar lo que uno desea, reconocer el significado de lo que uno quiere, evaluar los obstáculos que le impiden alcanzar los objetivos, buscar las soluciones, y levantarse a trabajar y accionar para conseguir ahora las soluciones. Pero una vez que uno alcanza sus metas, no se siente satisfecho sino que quiere lograr algo más. Se lo digo por experiencia.

*La motivación es identificar lo que uno desea,
reconocer lo que uno quiere, evaluar los obstáculos
que le impiden alcanzar los objetivos,
buscar las soluciones, y levantarse a trabajar
para conseguir las soluciones.*

Compré mi primer auto a los dieciséis años de edad. Era un Volkswagen usado que me costó seiscientos dólares. Yo me sentía como el joven más feliz de la tierra. Era un Volkswagen medio despintado; pero fue mi primer automóvil. Luego quería un auto más nuevo y compré un Datsun que me costó unos diez mil dólares. Luego quise tener un auto más nuevo y compré un Fiat Super Brava. Más adelante me compré un Buick LeSabre.

El ser humano tiene la oportunidad de aspirar nuevas cosas. Eso es lo interesante de la vida. No es estática.

El otro día estuve mirando un helicóptero. Ese medio de transporte es extraordinario, porque usted puede ir de una ciudad a otra en cuestión de media hora. Así se economiza de cuatro a cinco horas en la carretera. Al ver el helicóptero me pregunté: ¿Por qué no puedo tener uno?

Esa es una pregunta que rompe unos trajes de jueces que nos pusieron cuando éramos pequeños. Nos inculcaron que no podíamos pensar en esas cosa; que no soñáramos con pajaritos preñados, porque éramos pobres. ¿Acaso no tenemos el derecho a soñar? ¿No podemos creer en el futuro porque no tenemos recursos económicos?

Mucha gente me comenta: "La verdad es que a mí no me motiva nada. Crecí lo que iba a crecer; pero ahora que tengo más edad lo único que quiero es jubilarme." Pues mire, yo tengo muchas metas importantes; entre ellas está el servirle a nuestra gente, llevándole un mensaje claro y real de las cosas sencillas que cada uno puede implementar hoy.

Algo que me produce gran satisfacción es que cuando alguna persona me saluda y dice: "Gracias J. R. por tus conferencias. Debido a tus consultorías dejé de beber . . . me reconcilié con mi esposa . . . rebajé veinticinco libras . . . empecé a aumentar mis ingresos . . . conseguí la posición que quería . . ." Cuando oigo eso, siento en mi corazón que estoy sirviendo de instrumento para contribuir en la calidad de vida de la gente. El crecimiento de miles de personas me sirve para mantenerme motivado las veinticuatro horas del día.

Miles de personas han recibido mis servicios profesionales, en Estados Unidos, Venezuela, México, Panamá, Argentina. Lo que tengo para compartir con la gente es vida, vida en abundancia.

Cuando usted descubre la energía y el potencial que tiene dentro de sí mismo y empieza a utilizarlo, reconocerá que no es nada sobrenatural que usted tenga éxito, que sea feliz, que sea una persona motivada. Es tan natural como hablar, comer y dormir. Lo más natural es que usted sea una persona contenta, agradecida a Dios porque puede respirar, porque puede amar, porque puede caminar . . . porque puede cambiar.

Empiece a pensar en que ha nacido para triunfar, que tiene lo que se requiere para ser una persona feliz. Usted tiene la capacidad de generar motivación sincera para seguir adelante y conquistar lo que le pertenece; conquistar la felicidad, la paz, la tranquilidad. Usted puede conquistar el regalo que Dios le ha dado: ¡la vida!

Conquistemos las oportunidades que nos rodean. Digamos a la gente: "Me siento feliz de poder estar contigo. Me alegra poder contribuir en tu vida. Me siento feliz de poder ayudarte, de poder ser parte de tu negocio, de tu familia, de tu empresa. Me siento feliz de ser tu cónyuge."

Usted tiene el gran reto de despertar el gigante dormido que hay dentro de usted. Una vez que despierte, ese gigante será un generador de motivación las veinticuatro horas del día, los siete días de la semana, los treinta días del mes, los trescientos sesenta y cinco días del año. De la misma manera que usted tiene la capacidad de hablar, respirar y mirar, tiene la capacidad de motivarse, de mantenerse contento y confiado, convencido de su capacidad de identificar soluciones a las dificultades.

Lo importante es la visión que usted tiene de lo que va a suceder en los próximos años. ¿En qué persona se va a convertir? ¿Qué contribución va a hacer a su país, a sus hijos, a su vida? Tiene que empezar a contestar esas preguntas y definir lo que va a hacer. Así se sentirá motivado a seguir adelante en pie de lucha y en victoria.

7

EL TRABAJO
CONDUCE AL ÉXITO

El trabajo es el secreto del éxito. Muchas personas me han preguntado cómo se puede lograr el éxito. Pues, definitivamente, el éxito se puede lograr trabajando. Pero muchas personas quieren conseguir el éxito sin trabajar. Esto es muy difícil; en realidad, ¡es imposible!

Hasta cierto punto se le ha perdido el amor y el respeto al trabajo. Pero es el trabajo que le permitió a Cristóbal Colón descubrir América; es mediante el trabajo que el hombre llegó a la luna. Si no fuera por el trabajo no se hubieran logrado los grandes proyectos que se han realizado en los últimos cien años. Todo se ha hecho como resultado del trabajo.

El trabajo es la utilización del potencial humano: energía, recursos, experiencias y conocimientos.

He podido ver un sinnúmero de personas que han tenido la oportunidad de estudiar y hasta recibir becas; pero no han aprovechado la oportunidad porque no quieren trabajar. Sencillamente porque si trabajan pierden los beneficios sociales. Muchas veces es más negocio no trabajar, porque los beneficios sociales son mayores que los beneficios económicos como resultado del trabajo.

Claro, esto no se aplica a todos los países de América, pero sí en los Estados Unidos y en Puerto Rico. Creo que es una situación que se puede resolver buscando un cambio de actitudes y ayudando a las personas a establecer la importancia del trabajo. Trabajar es algo digno porque edifica el alma y el cuerpo; es algo que ayuda y fortalece al ser humano. Las personas que no trabajan dejan de utilizar un potencial humano que Dios les ha dado.

El desempleo en nuestros países varía desde un diez por ciento hasta un veinticinco por ciento; sin embargo, hay muchas oportunidades de trabajo. Muchos sólo trabajan para conseguir lo esencial para subsistir pero no para edificar un futuro. Simple y llanamente, lo que les impide trabajar es la complacencia.

La complacencia es la satisfacción por lo que uno tiene. Muchos se complacen con tener una vivienda, cubrir los gastos de comida, agua, electricidad, teléfono . . . Consideran que con dos o tres actividades que hacen durante el mes les basta y que no necesitan tener un trabajo fijo. Eso es un grave error, porque el ser humano — cuerpo, alma y espíritu — necesita acción, ya que el sudor de la frente es el elixir del éxito.

Cuando uno disfruta de lo que está haciendo y está comprometido a esa tarea, automáticamente hay satisfacción. El trabajo que yo hago de motivar a mucha gente, de ayudarle a cambiar sus actitudes, me produce una satisfacción extraordinaria. Siento que así estoy contribuyendo al crecimiento del país.

No creo que es justificable que la complacencia se siga alimentando, ya que es uno de los elementos que más está impidiendo que la gente salga a producir y a trabajar. Creo que las personas caen en un estado de complacencia porque se ha dormido su potencial. Es como si se hubieran tomado una pastilla para hacer dormir su potencial y no están utilizando sus habilidades y talentos.

Otra razón que está impidiendo que la gente trabaje con deseo y con amor es la actitud negativa que se ha desarrollado hacia el trabajo. Se ve el trabajo como un castigo, como un mal necesario para vivir. Más que un elemento de desarrollo y una oportunidad para crecer, se considera una necesidad. Y en algunos casos ni eso.

Esa actitud negativa hacia el trabajo le impide a la persona cumplir con eficiencia sus tareas. "A mí me pagan por hora — dice la gente —. Si hago esto en diez horas me pagan igual que si lo hago en cinco horas. Entonces, ¿por qué esforzarme?" Es la actitud de dar lo menos posible y exigir lo máximo. Esa actitud negativa no sólo daña a las personas mismas sino también a la empresa, al gobierno, a los compañeros.

Hay que trabajar. Hay que buscarle solución a los problemas de la vida. Hay que reconocer que somos responsables por el futuro de nuestro país.

Otra de las razones por las cuales la gente no tiene interés en el trabajo es la falta de voluntad. Hay una falta de deseo, de energía, de compromiso y de seriedad en el trabajo. Muchas veces no se consiguen los mejores resultados porque las personas que están trabajando no se dan al cien por ciento. La falta de voluntad es una falta de compromiso con la empresa o la organización con que se trabaja, con el gobierno y hasta con uno mismo, para alcanzar los objetivos que esa empresa se ha propuesto.

A éstos también se puede añadir la forma de pensar. La forma en que la persona ha sido acondicionada a pensar en el trabajo es otra razón que impide que haya un buen equipo de trabajo. Esta barrera no la vemos solamente a nivel de obreros y empleados sino también a nivel de gerentes y de ejecutivos.

En todos los niveles he podido notar una falta de compromiso hacia los objetivos de la empresa. Como se ha perdido la visión de la importancia del trabajo, hay que empezar a desarrollar un nuevo deseo y compromiso hacia el trabajo; un cambio de voluntad y de actitud. Pero esto tiene que empezar desde el hogar, porque los hijos imitan la actitud que ven en sus padres. Si ven una falta de compromiso en su familia, eso es lo que aprenden.

Los hispanos tenemos que educarnos y crear conciencia de que el precio del éxito se paga por adelantado y al contado, y se paga trabajando. Es indispensable que nosotros definamos el éxito.

El éxito es definido muchas veces con tener dinero, otras personas lo han definido como felicidad. Para mí el éxito es la combinación de conseguir las metas propuestas y estar trabajando constantemente enfocados hacia esas metas.

Si una persona no tiene metas definidas, si no ha planificado su vida y no sabe lo que quiere, si tiene lo suficiente para cubrir sus necesidades básicas y no tiene una visualización clara de lo que le espera en el futuro, no tendrá motivación para trabajar y, por eso, se conforma con lo que está alcanzando.

Lamentablemente, muchas veces confundimos el éxito con el dinero. El éxito tiene relación con el dinero, porque el dinero es el instrumento para conseguir las cosas que queremos; pero no podemos depender del dinero como lo primordial. De ser así, nos volvemos materialistas y perdemos la visión del verdadero valor de nuestra vida. Hay muchas cosas que no se pueden conseguir con dinero, como es la paz, el amor, la tranquilidad.

En nuestros días el éxito se está viendo como una competencia. Si su vecino alcanza un cierto nivel y le hace un arreglo a su casa, lo más seguro es que en los próximos seis meses las casas que le rodean también sean arregladas. Eso pasó en mi urbanización hace algunos años. Un vecino pintó su casa y en los próximos tres meses todas las casas fueron pintadas, aunque no lo necesitaran.

La competencia en sí es buena y tiene su valor; pero se la ha confundido con el éxito y eso no es bueno. El éxito no se mide con cosas materiales. Si decimos que conseguir el éxito está basado en tener un buen automóvil, una casa bonita, ropa de última moda . . . estamos muy equivocados. El ser humano tiene necesidades mucho mayores que las necesidades materiales, es decir, las necesidades espirituales. Es verdad que tenemos necesidades en la familia, necesidades económicas y profesionales, necesidades en el aspecto social, educativo y cultural; pero la mayor necesidad es la espiritual. La satisfacción de todas esas necesidades tiene una relación con lo que es el éxito.

El éxito conlleva esfuerzo y trabajo, no solamente del jefe del hogar sino de toda la familia. En la empresa se logra el éxito si todo el personal trabaja unido para realizar los objetivos de esa entidad.

Podemos ser personas sumamente exitosas y no necesariamente ser millonarios. Hay muchos millonarios que, a pesar de que tienen mucho dinero, no son tan exitosos. Muchos no son felices. Han perdido la felicidad por convertirse en esclavos del dinero.

El amor, la sonrisa y el cariño de una persona no se puede comprar con dinero. Mucho menos se puede comprar el amor de Dios. Nuestro Creador nos invita a venir a Él para comprar el agua de vida "sin dinero y sin precio".

Para lograr éxito tenemos que establecer un plan de acción. Cada persona debe tener un plan de acción de un mínimo de sesenta meses, es decir, cinco años. Puede también tener un plan de acción de diez años. Así tendrá una visión de lo que va a suceder en las próximas quinientas veinte semanas. Al planificar así nuestra vida, comenzamos a ver ciertos detalles que no estábamos acostumbrados a ver.

Generalmente las personas tienen muchas más metas en el aspecto económico que en el aspecto espiritual. El aspecto económico es importante; pero no debemos olvidar el aspecto espiritual. Tenemos que tener un equilibrio entre el aspecto familiar, el aspecto social y cultural, el aspecto económico y el aspecto espiritual. En todos estos aspectos, el ser humano necesita sentirse contento.

Para mí el éxito significa sentirme contento con todo lo que hago, en la realización de mis metas y mis sueños. Cuando puedo trabajar cada día y hacer un esfuerzo genuino por lograr mis objetivos siento valor como persona. Trabajar para lograr mis metas vale mucho más que si me regalaran el éxito en una bandeja de plata.

Desearía que usted evalúe cuál es su actitud hacia el trabajo; si le gusta trabajar y si le gusta lo que está haciendo. Si no disfruta de su trabajo, ¿qué le gustaría hacer? Si no le produce satisfacción, ¿qué desearía hacer a cambio?

Un estudio que vi recientemente dice que el sesenta y cinco por ciento de las fuerzas laborales de los Estados Unidos no está satisfecha con la labor que está realizando. Significa que la gran mayoría de las personas que trabajan no están contentas con el trabajo. Por alguna razón, el trabajo se ha convertido en algo aburrido.

¿Le produce satisfacción lo que está haciendo? ¿Puede usted mediante su trabajo satisfacer sus necesidades? ¿Le permite crecer y utilizar su potencial? Analice cuál es su potencial y cuáles son sus habilidades y decida lo que quiere hacer en los próximos diez años. Luego defina un plan de acción para lograr lo que usted quiere realizar.

Si logramos que la fuerza laboral de nuestro país haga trabajos que le gusten, que le satisfagan, que le entusiasmen y que le motiven, automáticamente reduciremos el desempleo. Reduciremos los problemas laborales, el ausentismo y un sinnúmero de factores negativos que se desarrollan porque la gente está haciendo cosas que no le gustan.

Para que esto ocurra, necesitamos los recursos de la empresa privada, de la iglesia y del gobierno. Qué bueno sería poder desarrollar una campaña de concientización sobre la importancia de contribuir al crecimiento de nuestro país, ¿no le parece? Es cosa de crear conciencia de que cada persona que se quede en su casa sin aportar al crecimiento económico de su país, le está dando la espalda a su gente. Muchos me dirán sí, pero que están buscando trabajo hace dos o cinco años, y que no han podido conseguir empleo.

Lo que hay que hacer es empezar a buscar opciones. Si usted no puedo vender su potencial directamente en una empresa, entonces venda un servicio o un producto.

Admiro mucho a las personas que usan todos los recursos. Muchas veces voy por las calles y veo a señoras vendiendo chocolates, a jóvenes vendiendo frutas, a personas vendiendo enciclopedias. Para mí eso tiene un valor extraordinario. Representan personas que se quedaron sin trabajo, pero que no se dan por vencidas. Quieren seguir hacia adelante. Tienen el deseo y el compromiso de contribuir para que su familia pueda tener los recursos. Son personas que no se han detenido, sino que han avanzado hacia adelante.

Cuando sugiero esta opción en alguno de mis seminarios, hay personas que me dicen: "Bueno, lo que sucede es que a mí no me gusta vender." Quiero hacerle una aclaración muy importante: ¡todos somos vendedores! Aunque no trabajemos en ventas, todos tenemos la capacidad de persuadir, de motivar, de entusiasmar, de convencer . . . ¡y eso es venta!

Cuando el esposo le dice a la esposa: "Prepárame una tacita de café", le está haciendo una compra. Cuando la esposa le prepara el café, eso es una venta. Cuando un niño le pide algo a su papá, está negociando con él. Cuando el empleado le dice al jefe: "Necesito un aumento porque este año me nacieron gemelos", le está haciendo una venta a su jefe, es decir, está ofreciendo sus servicios a mayor precio.

Nuestro trabajo es vender. Somos vendedores innatos; vendemos ideas, sueños, productos, alternativas y servicios. Algunos no han desarrollado todavía la capacidad y el potencial que tienen para persuadir, motivar y convencer; pero de una u otra manera todos tenemos esa capacidad.

---

*Cada persona tiene todo lo que se requiere
para que pueda producir más de lo que está produciendo.
Lo que a muchos les falta hacer es definir
lo que quieren alcanzar en la vida.*

La primera persona a quien tiene que venderle sus ideas es a usted mismo. Tiene que empezar a vender la capacidad que usted tiene de persuadir. Cuando usted quiere algo usted persuade y convence; usted motiva a otra persona. Si usted cree en lo que está haciendo, usted convence. Si usted está seguro de que lo que está haciendo es bueno, va a persuadir a otros.

Cada persona tiene todo lo que se requiere para que pueda producir más de lo que está produciendo. Lo que a muchos les falta hacer es definir lo que quieren alcanzar en la vida. ¿Ya lo hizo usted? Empiece, entonces, a utilizar el trabajo como un instrumento para mejores logros en el futuro. Su aporte puede contribuir a un notable mejoramiento de su familia, su comunidad y su país.

Mi profundo deseo es que tengamos millones de hispanos llenos de entusiasmo y de compromiso, llenos de una actitud positiva y con el deseo de trabajar y contribuir para el bienestar de su pueblo. Pero cada uno tiene que pagar el precio, que es sumamente alto, porque requiere completa dedicación. El precio del éxito hay que pagarlo por adelantado y al contado. El precio del fracaso se paga poco a poco; generalmente al final.

Aquel que se rinda y que no esté dispuesto a pagar el precio, escribirá una historia de su vida que inspirará a muy pocos. Pero los que perseveran y pagan el precio del éxito recibirán el apoyo, la admiración, el amor y el respaldo de su familia, de sus amigos y de su comunidad.

Le invito a que se una a las fuerzas de los triunfadores. A que sea uno de los primeros en decir: "Yo estoy disponible para contribuir, crecer, desarrollar y utilizar el potencial que Dios me ha dado. Deseo trabajar, porque el trabajo es el secreto del éxito."

Analice su vida y vea lo que le produce satisfacción y lo que le gusta hacer. ¿Qué talentos tiene que puede utilizar para aumentar su productividad? No olvide que usted es el arquitecto y el diseñador del futuro de su vida. No hay nadie que puede hacer el trabajo que a usted le corresponde hacer.

El tiempo que pasó, ya pasó. Si en el pasado tuvo una actitud negativa, hoy puede cambiar su actitud hacia la vida, hacia el trabajo y hacia su familia. Pregúntese qué tipo de persona le gustaría ser.

- ¿En qué tipo de persona quiero convertirme?
- ¿Qué cambios tengo que hacer en mi persona para convertirme en esa persona que aspiro ser?
- ¿Cómo debo caminar, hablar y vestirme?
- ¿Cómo debo desarrollar mis músculos físicos y mis músculos espirituales?
- ¿Cómo puedo desarrollar mi capacidad mental?
- ¿Quién me puede ayudar?
- ¿Dónde puedo estudiar?

Cuando uno empieza a hacerse este tipo de preguntas, uno empieza a visualizar lo que quiere hacer. Y no sólo eso, sino que uno dirige su enfoque hacia esas cosas.

Le espera un futuro extraordinario; no importan los problemas, no importan las dificultades. Por más grandes que sean los problemas, si usted tiene una actitud positiva hacia ellos, verá la solución. Invierta imaginación, recursos y determinación para poder generar soluciones. Al vencer los problemas usted se pone fuerte. Su desarrollo y crecimiento tiene una relación directa con su capacidad de superar los grandes obstáculos. Si todo se hubiera hecho fácil, la vida sería muy aburrida. ¡Ahora, más que nunca, nos toca trabajar!

8

EL RETO
DEL LÍDER MODERNO

En un mundo de cambios, donde las personas constantemente están expuestas a grandes demandas y decisiones, a la presión de lograr grandes resultados, sería conveniente tratar el tema del reto del líder moderno.

He tenido la oportunidad de conocer a cientos de líderes que están cumpliendo con su labor y, a la vez, he encontrado a muchas personas que no están dispuestas a aceptar la responsabilidad que conlleva el ser un líder eficiente.

Las personas de hoy pueden disfrutar el resultado de los esfuerzos que hicieron los líderes del pasado. Muchas personas creen que todo ha sido igual, que la vida no ha cambiado. Pero la vida era muy difícil en el siglo pasado. Y hoy se puede gozar los beneficios de los sacrificios del ayer.

Cuando converso con la juventud, entiendo que los jóvenes prefieren delegar la responsabilidad de tomar decisiones y no enfrentarse al reto del futuro. Creo que éste es un grave error.

Leí recientemente que los hombres que siguen a líderes comunes y corrientes obtienen resultados comunes y corrientes. Eso quiere decir que los que siguen a líderes extraordinarios, verán resultados extraordinarios.

Al tratar sobre el tema del líder moderno, tenemos que reconocer el potencial que tiene cada persona. Usted debe utilizar sus habilidades eficientemente y buscar soluciones a los problemas que le impiden realizarse.

El líder tiene la característica, o sea, la capacidad de visualizar. Puede ver lo que va a suceder y también tiene la capacidad de convencer, persuadir y motivar.

Hay otros líderes que son dictadores, autoritarios; asumen el control y se hacen dueños de todo. Esperan que todo lo que han estipulado se realice. La historia confirma que esos dictadores son vencidos por su mismo pueblo porque nadie desea seguir a otra persona por la imposición.

El reto del líder moderno es conseguir el apoyo voluntario de su gente. Donde existe armonía, buena comunicación y el deseo de apoyar la labor que se está tratando de realizar, se puede trabajar en equipo.

El líder democrático se sienta a hablar, busca la opinión de los demás, hace un consenso de opiniones y establece un plan de acción. Ese es el tipo de liderato que se ha implementado en nuestro país y que ha tenido muy buenos resultados.

Nunca podemos complacer a todo el mundo; pero no es eso lo que debemos buscar. Más bien, debemos tratar de conseguir los mejores resultados y que todos se beneficien.

El líder tiene que entender que si quiere establecer un estilo de dirección democrática tiene que ser un excelente comunicador. La comunicación es el proceso mediante el cual trasmitimos nuestra forma de pensar y de sentir, a la vez que percibimos la forma de sentir y de pensar de las personas que nos rodean. Es el proceso necesario para poder tener un estilo eficiente como líder democrático.

En mis estudios sobre la comunicación he visto que la comunicación verbal representa solamente el siete por ciento de la comunicación. El treinta y ocho por ciento de la comunicación va dirigida en el tono que se utilice para comunicar el mensaje y el cincuenta y cinco por ciento de la comunicación es lo que se llama la comunicación no verbal. Es la comunicación física: una expresión del rostro o un abrazo a la persona.

Hay muchas formas de comunicación. Por ejemplo, cuando nos ponemos el perfume que le agrada a cierta persona o usamos la ropa que le gusta, comunicamos aprecio por los gustos de esa persona.

Es importante que estemos atentos a que el líder se comunica no solamente mediante la forma en que habla, mediante la forma en que camina, mediante la forma en que estrecha la mano, mediante la forma en que comunica entusiasmo y convicción a su gente.

Tenemos que ser buenos comunicadores para poder conseguir el apoyo de las personas que nos rodean. Con ese apoyo podremos realizar nuestros objetivos y las personas estarán trabajando en pro de nuestro plan de acción.

El líder tiene que entregar el cien por ciento de su potencial, de su capacidad y de sus talentos para poder realizar sus sueños y objetivos. Esto parece muy sencillo, pero he visitado muchas organizaciones, empresas, agencias de gobierno y escuelas donde ha sido muy difícil conseguir armonía y buena comunicación. Hay muchas divisiones dentro de los mismos equipos de trabajo que impiden que cada uno enfoque su atención en las cosas que se desea desarrollar.

Usted se pregunta cuál es el problema. Le digo que es el equipo de trabajo. Estamos divididos por raza y color, divididos por niveles económicos y por partidos políticos, y estamos divididos por creencias religiosas. Estamos tan divididos que hace falta revisar nuestros objetivos y enfocar nuestra atención hacia lo que queremos realizar. Debemos mejorar nuestras relaciones humanas, mejorar la comunicación, mejorar nuestro entendimiento, para invertir nuestra energía en los objetivos que queremos realizar.

Muchos estamos invirtiendo nuestra energía en quejas sobre rechazos, discriminación, y pérdidas de beneficios y oportunidades.

La gente de éxito no invierte más del diez por ciento de su tiempo en los problemas; pero sí invierte el noventa por ciento de su tiempo en las soluciones.

Tenemos que llevarles este mensaje a nuestros jóvenes, a nuestros hijos y a nuestra familia. Muchas veces los celos y la envidia se han incorporado como parte de la política del trabajo. Para muchos es más importante boicotear y sabotear el desarrollo de un compañero que participar en el logro de los objetivos.

Esto está impidiendo que muchas asociaciones hispanas

prosperen. Hay lugares donde hay cuatro cámaras de comercio y todas juntas no hacen una cámara de comercio. He ido a muchos lugares donde hay un sinnúmero de iglesias y todas juntas no hacen una iglesia. ¿Por qué? Porque nos hemos dividido en pequeños grupos. Lo veo todos los días.

Podríamos crecer mucho más rápido y realizar cosas más grandes si nos uniéramos en armonía y enfocáramos nuestra atención en las cosas que queremos realizar. He servido a más de cien empresas norteamericanas e hispanas y he visto que este es el problema básico, desde la gente de más alto nivel. Hay problemas de comunicaciones que parecen ser una guerra civil. Ya es tiempo de que empecemos a sacar esas cosas que nos dividen y que empecemos a enfocar la vista en las cosas que nos unen.

Tenemos que empezar a entender que el líder tiene que ser una persona abierta a recibir los puntos de vista de otras personas y tiene que estar disponible a recibirlas, a escucharlas, a entenderlas y a evaluarlas y ver cómo se pueden implementar esos conceptos y esas ideas.

A la gente le fascina ser parte del crecimiento. Tenemos que darle oportunidad a la gente para que se sienta parte de lo que estamos haciendo. Creo que mi éxito personal está basado en que yo le doy oportunidad a mi gente a que participe, a que me dé su opinión, a que me dé su evaluación de los conceptos que presento.

Muchos líderes tienen ese concepto. Se dice del señor Walt Disney que daba participación a sus empleados. Le daban sus recomendaciones, y al finalizar un proyecto, todo el mundo había participado. Y todos se sentían satisfechos porque habían contribuido.

Una de las características más importantes del líder es la fe. La fe que tiene en su gente. La fe que tiene en sus objetivos y en sus proyectos. Pero sobre todo le fe en Dios.

La fe es un elemento sumamente importante para toda organización, porque es un elemento intangible. No se puede ir a comprar a la farmacia. No se puede pedir dos libras de fe.

La fe es la seguridad de recibir lo que se espera pero que no se ve. La fe es convicción, certeza, seguridad. Es la determinación de que las cosas se van a realizar con nuestro esfuerzo y nuestro trabajo.

La fe es la base que va a motivar a un grupo a seguir a su líder. Va a producir convicción y seguridad cuando el líder transmite a su gente una visión que los va a mantener unidos y va a mantener una confianza fuerte y sólida en la realización de los sueños.

Muchas veces me he preguntado por qué es que se hace tan difícil desarrollar la fe. Bueno, es que nuestro sistema nervioso y nuestra convicción espiritual no están desarrollados para tener fe. Estamos adiestrados para dudar y para desconfiar.

La fe es la dinámica de poder confiar en que Dios nos dirige. Y si Dios nos dirige no tenemos ninguna razón por la cual no podamos superar los obstáculos.

Siempre que hablo con las personas me dan explicaciones sobre el porqué no se pueden hacer las cosas, en vez de enfocar la atención en la manera como se pueden realizar, y cómo se pueden superar los obstáculos.

La fe es una de las capacidades espirituales que Dios le da a la persona para desarrollarla. Usted tiene esa capacidad, esa expectación positiva para alcanzar las cosas que quiere alcanzar.

En los momentos difíciles es muy importante la fe. En estos últimos años han aumentado las dificultades en el aspecto económico a nivel mundial. La fe es un elemento indispensable para poder seguir adelante ante las grandes adversidades.

La fe es la dinámica de poder confiar en que Dios nos dirige. Y si Dios nos dirige no tenemos ninguna razón por la cual no podamos superar los obstáculos.

La fe es otra forma de ver las cosas. Cuando un líder tiene una fe sincera en su organización y en su gente, la gente va a tener fe, confianza y seguridad en ese líder, porque eso se transmite. Usted puede contagiar la fe. Es como el catarro. Si usted llega a una oficina donde todo el mundo tiene catarro, no dude de que le va a dar catarro. Si está todo el mundo negativo y dudoso, no dude que usted va a pasar un día lleno de duda e inseguridad, porque eso se respira.

Además de la fe, el líder debe estar lleno de entusiasmo. Lo podemos definir como la chispa divina que impulsa a realizar las cosas. Generalmente los grandes líderes — presidentes de repúblicas, otros gobernantes, hombres de negocios — son grandes entusiastas. Es otro elemento indispensable, que no se puede comprar ni pedir prestado; hay que desarrollarlo.

El entusiasmo es una combinación de varios elementos. Cuando el ser humano empieza a desarrollarlo se transmite, se contamina.

No sé si usted se ha fijado cómo es la composición de un grupo de personas. No importa la cantidad; pueden ser diez, cien, mil, diez mil, cien mil. En el grupo sobresalen las personas entusiastas. A esas personas entusiastas siempre las vemos con una sonrisa en los labios. Esa sonrisa es uno de los elementos más importantes del líder, porque es la forma de comunicar los sentimientos a las personas que le rodean. La podemos definir como la contraseña.

Con una sonrisa se puede saludar a una persona sin siquiera acercarse a ella. Esa sonrisa, es una característica de los líderes exitoso. Una sonrisa es parte del entusiasmo que un líder siente por su proyecto, en su trabajo, en su vida. Tiene relación con *el deseo y el interés* genuino que tiene un líder por alcanzar un objetivo.

El deseo es un elemento que nace del corazón. No podemos hablar de un deseo que es pasajero; hoy lo deseamos y mañana no lo deseamos. En este caso nos referimos a un compromiso, una visión, donde el ejecutivo está comprometido cien por ciento a buscar todas las opciones posibles para darle solución a los problemas que le impiden lograr sus objetivos.

El deseo es la firmeza, es la seguridad de que hay que seguir buscando opciones. He leído cientos de libros. Recuerdo haber leído acerca de cuando el señor Ford estaba desarrollando el motor de ocho cilindros. Para los ingenieros era algo imposible desarrollar ese motor y tenían mucho tiempo tratando de desarrollarlo. El señor Ford tenía el deseo, el compromiso y la seguridad de que se podía realizar, y dijo: "Continúen, sigan adelante. Continúen y no se detengan. ¡Sigan adelante!" Y llegó el momento en que se había desarrollado el motor de ocho cilindros.

Hay personas que han desarrollado proyectos extraordinarios que demuestran el gran deseo y entusiasmo que tienen de lograr sus objetivos. Lo he visto en empresas, organizaciones religiosas y asociaciones. He visto países sin recursos económicos que buscan fórmulas, estrategias e incentivos para el desarrollo de su patria.

Se vio eso cuando el hombre fue a la luna. ¿Quién se iba a imaginar que el hombre podría llegar a la luna? ¡Pero en 1968 sucedió!

Se requirió mucha imaginación y creatividad, y mucho deseo para llevar a cabo ese gran proyecto. El deseo es la base para cualquier gran proyecto. Pero no es suficiente sólo el deseo y el interés que una persona tenga por alcanzar su sueño. También necesita *conocimientos*. Sin conocimientos sobre cómo lograr cierto objetivo, no se puede hacer.

Los consultores y asesores son elementos básicos para poder realizar grandes objetivos. Si usted no tiene conocimientos, siempre hay alguien que los tiene. Pero hay que ver quién es esa persona. Un líder no puede saber todo; pero debe tener la capacidad de escuchar y buscar ayuda. Es necesario que consiga los mejores asesores del mercado para que pueda desarrollar su proyecto.

Yo pude crecer porque recluté expertos que me sirvieran de asesores. Me dijeron: "La comunidad hispana de los Estados Unidos es de veintisiete millones de personas hoy; pero para el año 2000 va a ser de unos treinta y cinco millones. Para el año 2010 va a ser de aproximadamente cuarenta y dos millones, y para el año 2050 va a pasar de los cien millones. Tenemos que ayudar a ese mercado hispano para que pueda desarrollar. Tenemos que buscar expertos hispanos y otros para que nos asesoren sobre cómo capacitar a nuestra gente."

El conocimiento es un elemento básico, porque si usted desea hacer algo pero no sabe cómo hacerlo, será difícil realizarlo. Pero no es suficiente el conocimiento, el deseo y el interés de realizar algo; también se necesita *la acción*.

La acción es la habilidad de hacer las cosas necesarias para alcanzar un objetivo. Para eso se requiere tomar una decisión. Se requiere que la persona esté comprometida y tenga convicción. Con la seguridad y el entendimiento claro de lo que desea realizar, sus planes se harán realidad.

Un plan de acción para alcanzar los objetivos es algo indispensable; es como el mapa. Yo lo llamo "el pasaporte del éxito". Es el pasaporte que le permite al líder realizar sus objetivos. Esos objetivos que alimentan sus deseos y sus conocimientos; que lo mantienen en pie de lucha.

Tenemos que ser especialistas trasmitiendo entusiasmo.

Otro elemento importante es *la determinación*. El entusiasmo alimenta la determinación, que es la firmeza de seguir luchando hasta alcanzar los objetivos. Cuando la persona tiene una determinación firme de buscarle soluciones a los problemas que le están impidiendo lograr sus objetivos, automáticamente alimenta su visión para buscar nuevos conocimientos y nuevas opciones; alimenta el deseo y el interés que tiene.

La determinación, junto con la convicción, le darán al líder el empuje que necesita para seguir luchando y trabajando. Pero la determinación también comunica entusiasmo.

Tenemos que ser especialistas trasmitiendo entusiasmo. No es muy fácil porque estamos rodeados de tensiones, de altas demandas, de grandes problemas. Si enfocamos nuestra atención en los problemas y no en las soluciones será difícil ser personas entusiastas. Pero cuando uno desarrolla el hábito de ser una persona entusiasta, tiene la capacidad de dejar de lado los problemas y seguir adelante enfocándose en la solución.

El comportamiento de una persona entusiasta es muy distinto al comportamiento de una persona de corte tradicional. Una persona entusiasta camina de una forma firme, confiada y decidida. Está comprometida con conseguir los resultados que quiere alcanzar.

Otro aspecto importante es *la manera de hablar*. La forma en que usted habla es realmente importante, porque lo que usted dice es lo que recibe. Cuando usted habla de una manera positiva y comprometida, seguro de los resultados que desea alcanzar, usted comunica su visión.

La forma en que usted mira a los ojos es la forma de comunicar la seguridad y la confianza que tiene en sus ideas. Las personas que sonríen llenas de amor y seguridad, son las que necesita nuestro pueblo. Ese tipo de personas, ese tipo de líderes, son los que necesitamos para poder cambiar las actitudes y los hábitos negativos que están impidiendo la realización de las grandes metas que tenemos el derecho a conquistar.

Cuando estamos comprometidos con una causa, ese compromiso comunica confianza y seguridad, y empieza a producir grandes cosas. Lo primero que produce es que la gente se acerca a uno; empieza a ponerse a disposición y a ayudar porque ha sido contagiada de entusiasmo. Las personas empiezan a traer ideas, soluciones y recursos. Muchas veces se trata de recursos económicos.

Tenemos que ser líderes llenos de entusiasmo, llenos de fe; tenemos que ser líderes con la capacidad de conseguir voluntariamente el apoyo de nuestra gente. Es necesario que sepamos provocar cambios de actitudes en la gente, encender los corazones, y ayudar a la gente a alcanzar sus objetivos personales.

Tenemos que ser líderes llenos de entusiasmo y de fe; tenemos que ser líderes con la capacidad de conseguir el apoyo voluntario de nuestra gente.

Una persona entusiasmada realiza los objetivos de la organización con la cual está comprometida. Si podemos combinar el entusiasmo con la fe, podemos convertir a las personas en nuestros mejores aliados para desarrollar el potencial que Dios nos ha dado.

Cada persona, desde el niño de seis años, el ama de casa, el conductor de autobús, el farmacéutico, el líder político, el hombres de negocios, tiene la responsabilidad de desarrollar su liderazgo. Por lo general se nos ha enseñado a seguir, a imitar. Nuestro sistema educativo, a pesar de que ha ayudado a mucha gente, todavía tiene mucho más que aportar. Uno de los aportes es que debe enseñarles a nuestros hijos — a nuestros futuros líderes — que sean personas que puedan asumir la responsabilidad de dirigir nuestro país, nuestras instituciones y nuestras organizaciones.

Leí en una revista que hace unos años el Japón se declaró como el país del siglo veintiuno, sencillamente porque allí están desarrollando los líderes del siglo veintiuno. Invierten cerca de veintiséis millones de dólares anuales en un instituto de liderato para desarrollar hombres brillantes que aprendan a dirigir el país en el próximo siglo.

Esto nos debe motivar y entusiasmar. No olvide que somos los arquitectos y los diseñadores del futuro de nuestra vida. ¿Cómo funciona el liderato en su casa? ¿Cómo funciona en su trabajo y en su iglesia? ¿Cómo funciona en la organización donde usted participa social y cívicamente? ¿Cómo funciona en su equipo de deportes? Siempre se puede mejorar, y el hacerlo produce satisfacción.

9

EL CONTROL DE LOS SENTIMIENTOS

Durante los últimos años he hablado con miles de personas y he hallado que un problema serio es el control de nuestros sentimientos. Sabemos controlar un automóvil y operar una computadora, pero no sabemos controlar nuestros sentimientos.

Hay personas que han desarrollado actitudes y pensamientos que les ayudan a no perder el control emocional. Eso es muy interesante porque muestra que el ser humano tiene la capacidad de controlar sus sentimientos.

Hay dos pasos principales que podemos tomar para el control de nuestros sentimientos:

1. Tenemos que identificar y apreciar lo que sentimos cuando estamos pasando por cierto estado emocional. Muchas veces nos deprimimos, nos frustramos, nos atemorizamos y nos enfadamos. Tenemos que aprender qué situaciones nos producen esos sentimientos. Los sentimientos nos apoyan porque nos dan el refuerzo para identificar opciones y superar obstáculos. Es importante desarrollar una curiosidad por el mensaje que nos ofrece cierto sentimiento o emoción.

2. Tenemos que aprender a manejar nuestros sentimientos. Es importante que usted tenga confianza en sí mismo. Debe saber controlarse cuando se sienta frustrado, temeroso, lleno de dudas, herido, incómodo, sobrecargado, insuficiente. Cuando sufra una desilusión, esa desilusión puede motivarlo a tomar acción.

Hay señales emocionales que requieren acción. Cuando usted se siente incómodo, cuando está temeroso, herido, enfadado o frustrado, cuando se siente desilusionado o insuficiente, cuando está sobrecargado o solitario, necesita saber controlar esos sentimientos.

Por ejemplo, cuando usted se siente incómodo, eso le crea molestia y angustia, y tiene la sensación de que las cosas no están bien. Puede haber un mensaje dentro de usted de inquietud, de tensión, de no conseguir los resultados que desea. Cuando eso sucede es importante que usted lo reconozca inmediatamente, vea qué cosas positivas pueden surgir de esa situación y cambie su estado de ánimo planificando lo que desea y definiendo la acción que tiene que tomar para lograr lo que desea.

Por cada minuto que usted pasa abatido, aburrido, desilusionado o frustrado, necesita once minutos para volver a la normalidad.

Eso es muy sencillo. Cuando usted tiene un pensamiento o está frente a una situación que lo incomoda y le crea molestia, con sonar los dedos puede mandarle un refuerzo a su sistema nervioso para cambiar esa situación. Por cada minuto que usted pasa abatido, aburrido, desilusionado o frustrado, necesita once minutos para volver a la normalidad.

Cada vez que usted encuentre un mensaje de incomodidad en su sistema, diga: "A ver, ¿qué otra cosa puedo hacer en este momento? ¿Qué puedo mejorar o qué puedo aprender de esta situación?" Como hemos mencionado anteriormente, la gente que tiene éxito no invierte más del diez por ciento de su tiempo en los problemas pero el noventa por ciento en buscar la solución.

Otros sentimientos muy comunes son el miedo, la preocupación y la ansiedad. Muchas veces anticipamos que algo va a suceder y nos preparamos para evitar el golpe. Estamos constantemente en defensa, luchando contra el miedo. El miedo se tiene que vencer con la fe, porque cuando hay miedo no hay fe. La fe es el antídoto del miedo. Constantemente tenemos que luchar con situaciones negativas y necesitamos afrontar esas situaciones con la fe y la convicción de las cosas que aún no se ven.

Es importante que usted se dé refuerzo, que diga: "Tengo miedo porque tengo que dar esta presentación"; o "Tengo miedo porque tengo esta situación y no sé cómo van a reaccionar las personas." Reconozca lo que le causa temor y preocupación y así podrá comenzar a ver la solución.

Cuando nos preocupamos es como si filmáramos una película en nuestra mente. Nos atemorizamos ante cierta situación y perdemos el control. Tenemos que sustituir el temor y fortalecernos filmando una película de solución al problema y no de derrota.

Otras veces nos sentimos heridos. Es la sensación de daño generado por una pérdida. Surge cuando esperamos que alguien cumpla su palabra y no lo hace. Perdemos la confianza en la persona que nos ha herido. ¿Sabe qué? Si alguien lo hiere, usted necesita hablar con esa persona. Muchas veces se trata únicamente de malentendidos.

Una persona puede olvidarse algo que prometió. Algunas veces alguien toma prestado dinero y se olvida devolverlo. Hay muchas circunstancias que pueden herirnos; pero es importante que evitemos sentirnos heridos. Cuando usted se siente herido, eso le produce un mal sabor y agonía. Eso produce mucha pérdida de energía y lo debilita.

Otro sentimiento común es la ira o el enojo. Fácilmente nos resentimos y enfurecemos si alguien viola una regla que para nosotros es importante. Estamos constantemente en una lucha, bregando con esos sentimientos, y tenemos que aprender a vencerlos.

Otro sentimiento es la frustración. Ese sentimiento se produce cuando hacemos esfuerzos sin obtener los resultados que esperamos. Hay mucha gente que está cansada de fracasar. Ha luchado muchas veces, lo ha intentado por todos los medios y resulta que no puede decir que ha tenido éxito.

Cuando usted se sienta frustrado, recuerde que las personas que han logrado éxito en la vida, no lo lograron la primera vez que lo intentaron. Tomás Edison no logró éxito inmediatamente. Einstein y todos los grandes científicos no lograron sus metas el primer día. Tenga la flexibilidad de reconocer que si de una forma no logra hacer lo que se ha propuesto, tiene que haber otra forma de hacerlo.

Trate de hallar un modelo a quien imitar. Alguien que ya haya realizado lo que usted quiere realizar, que sabe cómo conseguirlo y que le puede ayudar y dar orientación hacia dónde se puede dirigir para realizar sus sueños. La frustración está ligada a la desilusión. Sentirse desilusionado, triste y derrotado por esperar más de lo que se consigue es una sensación normal. Veo gente desilusionada porque esperaba un aumento de sueldo, o un regalo, porque esperaba que no lloviera y llovió. Pero hay que sobreponerse a esos sentimientos.

Cuando no se cumplen las expectativas, sencillamente lo que se requiere es revisarlas y hacerlas más apropiadas a la realidad. Muchas veces cuando viajo, el avión se tarda. Es frustrante porque a cierta hora tengo que estar en otra ciudad para un seminario o para dictar una conferencia. En esos casos, tengo dos opciones: puedo ponerme de mal humor o puedo reconocer que es algo que no puedo controlar y, como no lo puedo controlar, debo esperar que el avión llegue. Siempre hay que imaginar lo que uno puede aprender de esas situaciones y desarrollar paciencia.

También la insuficiencia es un sentimiento muy común en nuestra gente. Tenemos la sensación de no poder hacer algo que deberíamos ser capaces de hacer. Cuando surja ese sentimiento, le recomiendo que busque más información, que evalúe sus estrategias, que vea las herramientas que tiene a su disposición y que defina la confianza que usted tiene en su proyecto o en su trabajo. Recuerde que no somos perfectos y que la vida no es perfecta. Siempre busque un modelo que imitar y trate de hallar una mejor forma para realizar lo que está tratando de hacer.

Muchas veces usted puede sentirse sobrecargado o abrumado. Le parece que no puede cambiar la situación, que el problema es demasiado grande, que está tratando de lograr demasiadas cosas a una misma vez. Pero nadie puede cambiar todo de la noche a la mañana.

Le recomiendo que cuando se sienta sobrecargado establezca prioridades. Haga una lista de lo importante y lo urgente, y establezca un plan de acción. Se dará cuenta de que a pesar de todo usted tiene el control de las cosas y empezará a visualizar y a establecer lo que debe hacer primero.

Cuando yo me siento sobrecargado, regularmente, me digo a mí mismo que eso significa que tengo muchas oportunidades. Cuando veo mi escritorio lleno de opciones y de problemas, seminarios, conferencias y trabajo, me miro y me digo: "La verdad es que soy bendecido. ¡Cuántas oportunidades tengo!" Cuando tengo muchas cosas que resolver, tengo que darles un enfoque positivo para no sobrecargarme.

Otro sentimiento que muchas veces nos afecta es la soledad. Nos sentimos solos a pesar de que estamos rodeados de gente. Tengo un amigo que suele decir que la enfermedad del siglo veinte es la soledad. Cuando usted se sienta solo, tiene que identificar con quién puede compartir momentos de compañerismo, porque necesita relacionarse con gente. Necesita darse cuenta de que usted puede salir, que puede escuchar a la gente, que puede conversar, que puede sonreírse.

Le he presentado este resumen de sentimientos con la intención de que vea que estamos constantemente siendo bombardeados por sentimientos y, regularmente, los sentimientos son negativos. La gente tiene la capacidad de crear en usted diferentes estados emocionales y usted tiene la capacidad de controlar sus estados emocionales.

He aprendido una técnica muy interesante para cambiar mi estado emocional. Se trata de usar preguntas. Cuando uno se hace preguntas, las preguntas lo ayudan a cambiar el enfoque. En vez de enfocar la atención en lo negativo, uno se enfoca en lo positivo.

Si queremos cambiar, tenemos que tener un concepto más elevado de nosotros mismos. Tenemos que cambiar nuestras creencias sobre lo que es posible y desarrollar estrategias para alcanzar lo que deseamos.

¿Cómo funcionan las preguntas? Las preguntas contribuyen a cambiar aquello sobre lo cual se enfoca la atención y, en consecuencia, cómo nos sentimos. Por ejemplo, cuando me levanto por la mañana, me pregunto: "¿De qué me siento feliz hoy? ¿Qué me hace feliz hoy?" Luego digo: "Bueno, me hace feliz el hecho de que estoy respirando, que me estoy moviendo, que tengo una familia preciosa, que tengo este proyecto, que en la tarde tengo una conferencia. Estoy contento porque voy a conocer mucha gente interesante y voy a sembrar una semilla en cientos de personas para ayudarles a cambiarles su vida."

"¿Qué cosas me producen felicidad? ¿Qué hay de grande en los problemas que estoy enfrentando?" En vez de pensar en lo grande que es el problema, vea qué hay de grande en esa situación. Al hacer las preguntas, el objetivo es identificar qué nos hace sentir feliz cambiando nuestro enfoque y cambiando nuestro estado de ánimo. Quiere decir que cuando usted se hace una pregunta le está diciendo a su computadora — a su mente — que le diga lo que lo hace feliz hoy. Automáticamente su computadora recibe esa orden que le solicita cosas buenas que enriquezcan su vida y va a empezar a dispararle lo que le hace sentir feliz. Las preguntas cambian aquello que suprimimos.

En cierto sentido, las personas deprimidas y las personas felices son muy parecidas. La persona deprimida suprime las cosas que le hacen feliz mientras que la persona feliz le da paso a las cosas que le hacen feliz y suprime las cosas negativas.

Nuestra mente está programada para enfocar la atención sobre un pequeño número de cosas al mismo tiempo y pasa gran parte del tiempo tratando de dar prioridad a lo que debe dársele atención y suprimiendo las cosas a las cuales no debe prestarle atención. Si usted se siente solo y triste es porque está suprimiendo las razones por las cuales podría sentirse contento y feliz. Encontramos las cosas que buscamos y en las cuales nos concentramos. Es importante que usted empiece a mirarse de otra manera, que empiece a cambiar los recursos que le rodean. Las preguntas que nos hacemos desarrollan una percepción de quiénes somos, qué somos capaces de hacer y qué estamos dispuestos a hacer para alcanzar nuestros sueños. Por ejemplo,

cuando tengo un problema, me pregunto qué hay de gr
ese problema.

Generalmente usted dice que cierto problema es bien ...an-
de; pero al preguntarse qué hay de grande en ese problema,
empezará a verlo chiquitito.

- ¿Qué falta perfeccionar?
- ¿Cómo puedo aprender de esta situación?
- ¿Qué estoy dispuesto a cambiar para lograr que las cosas
  sean como yo quiero?
- ¿Qué estoy dispuesto a hacer para lograr un cambio?
- ¿Cómo puedo disfrutar del proceso mientras hago
  lo necesario para lograr que las cosas sean como yo quiero?
- ¿Cuál debe ser el próximo paso?

Al hacerse este tipo de preguntas, usted cambiará su estado
emocional y se concentrará en la solución. Y cuando usted
enfoca la mirada en las soluciones, de inmediato se convierte
en una persona de acción y le aseguro que verá resultados.

Le invito a que haga esta dinámica. Cuando usted se
levante, pregúntese:

- ¿Qué me hace feliz?
- ¿Cómo me hace sentir esta situación?
- ¿Qué cosas me estimulan?
- ¿Cómo me hace sentir esta situación que me estimula?
- ¿De qué me siento orgulloso en mi vida?
- ¿Qué estoy disfrutando en esta etapa de mi vida?
- ¿Con qué estoy comprometido?
- ¿A quién amo y quién me ama?
- ¿Qué es lo que me hace amar?
- ¿Cómo me siento cuando amo?

Cuando usted se hace estas preguntas, de inmediato su
espíritu, su mente y su cuerpo se enfocan en las cosas buenas
que usted tiene.

Otra dinámica es de preguntarse antes de acostarse sobre lo que uno aprendió ese día.

- ¿Cómo pude enriquecer mi vida hoy?
- ¿A quién pude ayudar?
- ¿Qué no es perfecto todavía?
- ¿Qué me hizo feliz hoy?

Las preguntas le permitirán reprogramarse y, a la misma vez, enfocarán su atención en las cosas positivas. Cuando la gente que le rodea esté hablando de los problemas, usted va a estar hablando de las cosas buenas que tiene. ¿Por qué? Porque cuando usted enfoca su atención en las cosas buenas su sistema nervioso también empieza a enfocarse en las cosas buenas. Y ¿qué sucede? Automáticamente usted estará viendo soluciones y se convertirá en una persona diferente. Ya no tendrá las mandíbulas caídas, ni bajará la mirada, y su sonrisa no será artificial. Será una persona con rostro sonriente y mirada fija. Usted podrá estar alegre porque tiene el control del futuro de su vida. Caminará con firmeza y, cuando hable, comunicará la confianza que tiene porque sabe que "no hay problema sin solución".

Somos los arquitectos y los diseñadores del futuro de nuestra vida. Nuestro futuro será el resultado de las decisiones que tomemos hoy. Y el hoy es el resultado de las decisiones que tomamos en el pasado.

Siga todos los días el procedimiento de las preguntas. Esa dinámica la he compartido con cientos de personas y me han confesado que ha cambiado su vida. Miles de personas han empezado a reprogramar su sistema nervioso y han empezado a cambiar su estilo de vida. Gracias a Dios, he podido ayudar a muchísima gente a conquistar su futuro.

La cristalización de nuestra visión es vital para que podamos cambiar nuestros sentimientos. Lo que usted vea, lo que visualice para su futuro, es la herramienta más poderosa que usted tiene a su disposición para cambiar su visión. El poder de las decisiones es el poder de cambiar lo invisible en visible. Dios nos dio esa herramienta y esa capacidad. Las decisiones que usted tome van a controlar su destino. ¿En qué está enfocando su atención?

Es imperativo que usted tome una verdadera decisión de cambiar su vida. Tomar una verdadera decisión significa comprometerse a alcanzar resultados y luego descartar cualquier cosa que a uno le impida llegar a la meta.

Hemos decidido tener éxito, ¿no es así? Y la fórmula para el éxito es llevar una vida que nos haga sentir contentos, que nos cause placer, alegría y gozo por lo que estamos realizando. Si usted decide lo que desea lograr, emprenda el tren de la acción. Observe lo que funciona y lo que no funciona y vaya cambiando sus actitudes y sus pensamientos hasta conseguir lo que usted quiere, porque la verdad es que ¡usted está destinado a triunfar!

La mayoría de las personas no han sido adiestradas para tomar decisiones. Funcionan como con un piloto automático. Se levantan por la mañana, se lavan, se visten, toman su desayuno y se van al trabajo . . . todo automáticamente. ¿Cómo cambiar este patrón? ¿Cómo tomar buenas decisiones?

Primero hay que reconocer que las decisiones están basadas en las creencias. Sus creencias — lo que usted ha visto en el pasado, su historia, sus hábitos — y todo lo de su vida, es como un casete de video grabado en su subconsciente. Y eso influye en sus decisiones.

También es importante reconocer que sus decisiones están basadas en lo que usted considera vital en la vida. Es como su marco de referencias. Si en una ocasión tuvo una situación y la resolvió de cierta manera, ya es una referencia. En otra ocasión no tiene que volver a sufrir las mismas consecuencias o enfrentarse a las mismas circunstancias.

Las decisiones cambian según las preguntas que uno se plantea. Y los estados emocionales pueden cambiar si uno toma la decisión de no seguir en cierto estado de ánimo. "Ya no me voy a seguir molestando . . . ya no tengo que sentir temor . . ." Hay que reconocer que uno tiene el potencial de controlar los sentimientos. El día que usted decida que ya no será esclavo de los sentimientos negativos será un día de triunfo.

En cierta oportunidad, cuando daba una conferencia en un

hotel, dos cucarachas se plantaron en la cabeza de uno de los participantes. Aquello fue como una revolución. Muchas personas se echaron a reír, otras se quedaron sentadas sin decir nada; pero la mayoría empezó a gritar. ¿Qué sucedió? Entraron en juego diferentes sentimientos.

Hubieron tres reacciones distintas: a unos les dio lo mismo, a algunos les hizo gracia y a otros les dio miedo y hubo una histeria masiva. Había como doscientas personas en el salón, así que ya puede imaginarse el desorden que se formó.

Mientras más grande sea el problema,
mayor oportunidad tendrá para utilizar el potencial
que Dios le ha dado.

"No te desesperes; no pierdas la calma" es un mensaje acertado. Cuando usted no puede alcanzar lo que se ha propuesto, considere los obstáculos e identifique y busque opciones para ver la manera de superar las circunstancias. No pierda la fe. No permita que su voluntad sea socavada por fuerzas adversas, por comentarios negativos, por gente falsa. Usted multiplicará sus fuerzas si le da oportunidad a Dios para que trabaje en su vida.

Desesperarse es perder el control de la imaginación, de la creatividad y del entusiasmo. Si nos desesperamos, se nubla nuestra visión y nuestra capacidad de buscar opciones para conseguir soluciones. Por cada minuto que usted pase desesperado, desilusionado y abatido, necesitará once minutos positivos para volver a la normalidad.

Cuando usted se enfada o se disgusta, le está delegando el control de sus sentimientos a la otra persona y pasa a ser víctima de ella. Recuerde que reaccionar no es lo mismo que accionar. Mantenga la calma y siéntase seguro que mientras más grande sea el problema que tenga que enfrentar mayor oportunidad tendrá para utilizar el potencial que Dios le ha dado.

Empiece a evaluar el estado de sus sentimientos. ¿Cómo está reaccionando a la vida? Empiece a identificar opciones haciéndose preguntas, reconociendo que todavía no es perfecto, que puede aprender de las situaciones que se presentan. Empiece a enfocar su atención en las cosas buenas que hay dentro de usted.

Recuerde que nacimos para triunfar, que tenemos todos los requisitos para ser personas de éxito. Todo depende de cada uno. Las decisiones que usted tome hoy moldearán su futuro. Igual que las decisiones que tomó en el pasado han moldeado el presente.

Mi meta, mi visión y mi sueño es contribuir a que cambie la gente; pero yo no puedo decidir por usted. ¿Controlará sus sentimientos para el bien de usted mismo y de los demás? Espero que así sea.

10

CÁPSULAS
DE MOTIVACIÓN

Nuestras actitudes son el reflejo de nuestros pensamientos, de nuestros hábitos y de nuestra autoimagen. La manera como usted se vea y se sienta con respecto a sí mismo y la fe que tenga en el potencial que Dios le ha dado tendrá una relación directa con su éxito o con su fracaso.

Usted puede triunfar, se lo garantizo. Su mayor potencial es su capacidad de pensar, crear, visualizar e imaginar posibilidades y opciones para superar los obstáculos que se interponen en su camino para alcanzar sus metas.

El alcance de su vida espiritual es extraordinaria. Dios le ha dado al ser humano la capacidad de vivir a plenitud; como hijo del Rey tiene el derecho a vivir como príncipe. La fe que usted tenga en Dios, en usted mismo y en su gente será el impulso para que lleve una vida plena.

Su fortaleza física es una de sus mayores riquezas. Como ya lo he mencionado, usted es una persona especial; única entre los cinco mil millones de habitantes de nuestro planeta. Los resultados que ha conseguido hasta hoy en su vida son debido a las decisiones que tomó en los últimos años y las decisiones que tome hoy afectarán los resultados que tenga en los próximos años.

Le garantizo que usted puede triunfar. Haga una evaluación personal y defina cuáles son los aspectos de su vida que deben mejorar. Una vez identificados, establezca los pasos que debe seguir para superar esas deficiencias. Debe desarrollar un compromiso profundo que le permita invertir la energía, la imaginación y la determinación requerida para triunfar. Eso le ayudará a desarrollar una actitud de lucha que lo convertirá en vencedor y no en una persona vencida.

Su potencial inexplotado, sus deseos, sus necesidades y sus ambiciones, son semillas sin germinar. Sencillamente son talentos no desarrollados. Lo que usted visualice claramente, todo lo que sinceramente desee, está a su alcance. Se dice que "todo lo que vívidamente imagines, ardientemente desees, sinceramente creas, entusiastamente entiendas, inevitablemente sucederá".

Es verdad que los deseos que usted tiene son como una semilla sin germinar. Y los talentos que usted tiene no se desarrollan de por sí. Su desarrollo requiere acción, dedicación y planificación. Todo lo que usted imagine, visualice y desee ardientemente obtener podrá ser suyo si hace los planes para obtenerlo.

Tenemos que reconocer nuestras capacidades y nuestro potencial. Debemos valorizar nuestra capacidad de pensar, razonar, recordar, visualizar e imaginar. Decidir y creer es responsabilidad única de cada persona. Para lograr diez veces más de lo que estamos logrando simplemente necesitamos reconocer el potencial que tenemos en reserva.

Las actitudes negativas en su personalidad muchas veces son el mayor obstáculo. No le permiten darse cuenta de que usted tiene suficientes habilidades y el potencial necesario para llevar una vida llena de éxito y de satisfacción. Usted es el moldeador. Usted es el creador de su futuro. Su potencial es ilimitado excepto cuando usted le fija límites.

Una de las oportunidades que tiene cada persona es la posibilidad de comenzar de nuevo. Cada día es la señal que Dios nos da para comenzar de nuevo. El pasado está muerto. No podemos hacer nada para repararlo. Pero el presente y el futuro son nuestros. Están a nuestra disposición para contribuir a una nueva vida.

No espere realizar grandes cosas sin visualizar antes sus metas y trabajar arduamente para alcanzarlas. Todo en la vida está en un constante proceso de cambio. Muchas veces somos reacios al cambio debido al miedo a lo desconocido. Somos más reacios aún cuando se trata de cambios internos. En vez de resistir lo inevitable, debemos reconocer que el progreso, el crecimiento y el cambio son una ley de la vida y que tenemos que estar preparados para el cambio mediante la planificación.

Decídase hoy a que los cambios que ocurran dentro de usted sean de acuerdo con las metas que haya establecido. Cada día que pasa usted tiene más oportunidad de las que ha tenido jamás, simplemente porque es el beneficiario del pasado. Usted tiene a su disposición todo el conocimiento acumulado de todas las edades pasadas. Tiene la misma cantidad de tiempo disponible para crear algo nuevo y para hacer planes que cualquier otra persona. ¡Usted puede cumplir sus sueños, sus metas y sus objetivos!

Dios nos ha dado las herramientas para visualizar las cosas que nos gustaría alcanzar. Definir con exactitud lo que usted necesita, lo que le interesa y lo que desea lograr es el primer paso que debe dar para que pueda alcanzar sus metas. La química que se genera cuando usted establece un deseo revoluciona su forma de pensar, revitaliza su entusiasmo, le añade energías y lo motiva a identificar el proceso para realizar sus objetivos.

**Haga un alto y defina lo que quiere lograr
en los próximos años y verá que los resultados serán
de inspiración para usted y para la gente que le rodea.**

No tener metas claramente definidas es llevar una vida improvisada y sin dirección. La improvisación es el primer síntoma de la falta de planificación. Las personas muchas veces se quejan de los pocos resultados que están alcanzando y no saben que ellas mismas son responsables por no planificar lo que quieren. La fe en sus metas es la gasolina que genera la energía que usted necesita para que lleno de motivación vaya moviéndose hacia la conquista de lo que le pertenece. No luche sin determinación, perseverancia y convicción porque sería como vivir sin oxígeno.

Haga un alto hoy y defina lo que quiere lograr en los próximos años y verá que los resultados serán de inspiración para usted y para la gente que le rodea. Usted puede realizar sus sueños, sus metas y sus objetivos. La decisión es suya y, como le he ido repitiendo, el precio del éxito se paga por adelantado y al contado. Se paga trabajando.

El éxito es el logro progresivo de las metas. En el proceso para alcanzar el éxito, tenemos que cristalizar cuál es nuestra visión. Debemos definir dónde nos encontramos y hacia dónde queremos ir. Tenemos que evaluar cómo estamos en los aspectos físico, emocional, espiritual y lo social, así como nuestro estado económico, y establecer prioridades. Es sumamente importante que establezcamos lo que vamos a hacer primero, de acuerdo a nuestro sistema de valores y nuestras necesidades.

"¿En qué clase de persona te quieres convertir?" Cuando me hicieron esa pregunta hace algunos años, me abrió la mente y el corazón, y la contesté de esta manera: "J. R. se quiere convertir en una persona tranquila, que respire paz y comunica amor. Desea ser una persona fuerte, vigorosa, entusiasta y creativa, rica en conocimiento, en dinero y en felicidad. J. R. quiere ser una persona próspera, sensible al Espíritu Santo, fuerte y poderosa en conocimiento. Sus músculos están fuertes, su dentadura está saludable, su piel, su pelo y sus uñas se rejuvenecen. J. R. es un agente de cambios; es transformador de gentes. Es experto en relaciones públicas, es un excelente motivador, y un buen orador y conferenciante. Es también un padre comprensivo; tiene metas comunes con sus hijos. Es un excelente amante, esposo y compañero. Es una persona que respira felicidad, y que comunica confianza y seguridad."

Me gustaría que hubiera mucha gente que supiera decir en qué se quiere convertir. ¿Es usted una de esas personas? Lo primero que tiene que hacer es definir lo que desea hacer y hacia dónde va. Establezca un plan de acción con fechas específicas, porque cuando usted tiene una meta escrita, puede definir hacia dónde quiere ir. Ese plan escrito es el mapa que le indica la dirección y que elimina las distracciones. Le sirve como punto de referencia para ahorrar tiempo y energías.

Cuando usted tiene una fecha límite, la química de su cuerpo lo hace mantenerse alerta. Usted piensa, actúa y reacciona con urgencia. Desarrolla un reto interno y responde a ese reto con una actitud mental positiva. Y si tiene un plan de acción escrito, podrá identificar mejor los obstáculos y las barreras que se interponen en el logro de sus metas.

A veces hay barreras personales que se levantan debido a una necesidad de mayor crecimiento. Cuando usted tiene un plan escrito, invierte la energía requerida para superar los grandes obstáculos en lugar de navegar por la vida a la deriva.

Sin esfuerzo dedicado de su parte nunca podrá alcanzar el éxito. No importa cuán valiosas sean sus metas ni cuán prácticos sean sus planes, si no le pone dedicación no puede esperar sino el fracaso. Tal vez necesite volver a descubrir la frescura, la vitalidad y el entusiasmo que poseía cuando era niño. Eso lo preparará para tener una vida rica y exitosa.

Cuando experimentamos las ansias sinceras y el ardiente deseo del éxito, ese sentimiento fortalece nuestro esfuerzo para emplear todo nuestro potencial y toda nuestra creatividad. Tenemos que producir confianza en nosotros mismos. Para desarrollar esa confianza, tenemos que confiar en nuestras habilidades. Lo más importante es que confiemos en que podemos hacer los cambios que se requieren para poder llegar a la meta.

Todo cambio se genera a través de la alteración de las actitudes y de los hábitos de pensamiento. La confianza le permitirá ver la victoria y le ayudará a usar su destreza en vez de sucumbir ante los problemas. Con un cambio de pensamiento usted comenzará a buscar los modos en que las cosas se pueden hacer en vez de buscar las razones para explicar por qué no se pueden hacer. Desarrollará una determinación que le dará la capacidad de invertir la energía requerida. Invertirá la experiencia y el conocimiento que están guardados dentro de usted. De esa manera, quedará convencido de que nació para triunfar.

La gente no fracasa porque no puede superar los obstáculos

sino porque se da por vencida. El mensaje crucial para el día de hoy es que tenemos que ser perseverantes. La perseverancia es el hábito de seguir adelante hasta alcanzar los objetivos. Mientras más perseverante sea usted, más garantizado tendrá el éxito.

El secreto de la motivación es la actitud. A las personas motivadas las detecto en treinta segundos, por la forma en que caminan, por la forma en que hablan, por la forma en que saludan. Una persona motivada es constante en sus palabras y sus acciones; toma decisiones firmes. Una persona motivada tiene la imaginación suficiente para mejorar cada día. Sus palabras delatan la calidad de vida que lleva.

Una persona motivada tiene metas, tiene unos deseos específicos, tiene expectativas, tiene fe, tiene la capacidad de visualizar y está motivada a actuar. El noventa por ciento de las personas que fracasan en la vida lo hacen porque se dan por vencidas antes de alcanzar lo que desean. Y, peor aún, la mayoría no sabe lo que quiere.

Si uno no sabe lo que quiere no puede estar motivado. La mayoría vive improvisadamente; pero debemos motivarnos para ser más creativos, más responsables y más eficientes en nuestro trabajo.

La motivación se basa en un sistema de intercambio tangible e intangible. Hay líderes que han utilizado el miedo para producir motivación; pero han fracasado. El miedo no produce cambios de actitudes. Por miedo, una persona puede adaptarse al sistema, pero no puede utilizar su potencial porque está insegura. Una persona insegura está a la defensiva y es ineficiente.

Hay líderes que tratan de motivar mediante incentivos. Ofrecen recompensas a cambio de ciertas acciones. Pero tan pronto como el deseo se satisface, no hay incentivo que motive a la persona y, muchas veces, lo que empezó por ser recompensa acaba siendo un derecho.

La motivación mediante cambios de actitudes es más poderosa. Cuando hay comprensión y aceptación de la naturaleza humana, hay la oportunidad de crecer y desarrollar la creatividad.

Usted es la suma total de los hábitos de sus pensamientos. Somos víctimas o beneficiarios de nuestras actitudes. Pueden ser una bendición o una maldición; pero para el cambio, el crecimiento y la realización tenemos que esforzarnos para cambiar nuestras actitudes.

Aceptemos la responsabilidad de ser los mejores motivadores. Usted es su mejor motivador. Si su vida tiene significado, si usted tiene metas específicas, si se siente amado, si conoce a Dios, si es movido por una chispa interna hacia la realización de sus deseos, puede convertirse en el mejor motivador del mundo.

La motivación es el entusiasmo contagioso que revitaliza nuestra visión. La motivación es el deseo que genera una fuerza interna. Mientras otras personas nos dicen que no podemos, que no perdamos el tiempo, que otros lo han intentado y no lo han logrado, la conciencia nos confirma que debemos continuar, que hay que seguir hasta encontrar la fórmula de superar los grandes obstáculos.

La motivación es el entusiasmo contagioso que revitaliza nuestra visión y genera una fuerza interna.

Como ya se lo he dicho, usted es una persona especial. No hay nadie igual a usted en este planeta y le aseguro que está destinado a convertirse en su mejor motivador. Usted es el reflejo de su autoimagen. La forma en que usted habla, la confianza que tiene en sí mismo y la visión que tiene de su persona son elementos necesarios para tener éxito en la vida. Como persona ha sido acondicionada de una manera especial.

Las doscientas mil o trescientas mil horas de vida que usted tiene grabadas en su subconsciente alimentan su autoimagen y reflejan su experiencia. El amor que ha recibido, su capacidad de superarse, su personalidad, sus pensamientos y, a veces, la suma total de todo eso, pueden ser el mayor aliciente o el peor obstáculo para que usted tenga una buena imagen de sí mismo.

Nuestras actitudes son el reflejo de nuestra comprensión y aceptación internas. Cuando usted se conoce, se entiende y se

comprende, refleja un equilibrio para enfrentarse a las demandas de su vida. Tiene la sabiduría de saber qué acción tomar
ante las circunstancias no planificadas y posee la seguridad de
que toda situación tiene solución.

Comience hoy a verse como el milagro más grande del
mundo. No hay una fotocopia suya. Usted es original en su
forma de hablar, actuar y sentir. Debe estar orgulloso de que
Dios le ha dado una vida para que la disfrute y la lleve dándole
gracias a Él que le ha dado todo el potencial para ser feliz.

Sus palabras son poderosas. El poder que usted tiene en su
forma de hablar es extraordinario. Es la herramienta que
puede cambiar su modo de pensar y de ver las cosas, lo cual
cambia sus actitudes y afecta su conducta. Si usted se levanta
y dice: "Me siento feliz hoy porque estoy respirando dos mil
cuatrocientos galones de oxígeno. ¡Este va a ser un día extraordinario!", eso es una afirmación positiva que definirá la actitud
suya durante ese día. La afirmación es el acto de expresar sus
creencias; es la declaración de lo que usted cree.

**Comience hoy a verse como el milagro más grande
del mundo. No hay una fotocopia suya.
Usted es original.**

Su mente es una computadora. Controla sus acciones, sus
sentimientos y sus actitudes de acuerdo con el material que
usted le dé para trabajar. Existe una acción física de sustitución de ideas negativas por ideas positivas. Cuando usted hace
una afirmación positiva, sencillamente está creando una imagen. Y con esa imagen mental se va fortaleciendo. Es como el
atleta que está corriendo o como el músico que está ensayando
y tocando el piano todos los días o como el estudiante que está
estudiando.

Cuando usted se dice que es una excelente persona, se está
preparando para llevar a cabo un trabajo extraordinario. Cada
nuevo día ofrece una nueva oportunidad; hay muchas cosas
para ganar y muy pocas para perder. Si usted afirma y dice que

todo es posible para el que cree, automáticamente esa afirmación le produce confianza, seguridad y determinación.

Le sugiero que revise su vocabulario. Utilice palabras transformadoras. No diga que está tenso sino diga que tiene muchas oportunidades; que rebosa de energía. No diga que se siente enfermo sino diga que su organismo está en proceso de limpieza. No diga que se siente aburrido sino diga que le falta acción.

Mediante la forma en que usted habla, le comunica a su mente un mensaje directo y esa computadora empieza a reaccionar. Hágase usted el servicio de limpiar su vocabulario. Desarrolle afirmaciones que trasmitan a su sistema lo que es usted, lo que usted quiere y hacia dónde quiere dirigirse. Le garantizo que podrá realizar cosas extraordinarias si sigue este método.

Nunca olvide que la forma en que usted habla tendrá una relación directa con el éxito o el fracaso en su vida. Considérese como un ser especial. Empiece a hablar como usted debe de hablar, como una persona victoriosa; una persona confiada de que ha nacido para triunfar.

11

CÓMO DESARROLLAR UNA PERSONALIDAD MAGNÉTICA

Durante mis conferencias, muchas veces me preguntan lo que he hecho para desarrollar las aptitudes de una persona victoriosa. La respuesta es muy sencilla: hay que tener una buena imagen de sí mismo. Uno tiene que desarrollar una imagen de sí mismo positiva y adiestrar al sistema nervioso para que tenga confianza, seguridad y determinación. ¡Hay que estar convencido de que uno nació para triunfar!

Al fin de cada conferencia, la gente que sale no es la misma que entró en la mañana. En apariencia la gente es la misma; pero ya las personas han decidido producir un cambio profundo en su vida. Son personas diferentes en sus actitudes y en su forma de verse a sí mismas.

Rescatar el control de la imagen que tiene de sí mismo es vital para que usted pueda tener éxito, para que pueda ser feliz y para que pueda disfrutar de la vida. Como arquitecto y diseñador del futuro de su vida, usted tiene la responsabilidad de pavimentar el camino de la confianza en usted mismo. ¿Cómo se hace eso? Bueno, hay herramientas y estrategias para lograrlo. Y sobre eso quiero hablarle en este capítulo.

Adiestramos a nuestro sistema nervioso visualizando lo que vamos a hacer e identificando hacia dónde queremos ir. Sabemos lo que nos entusiasma, lo que nos mueve, lo que nos revitaliza. Cuando usted tiene claramente definido lo que quiere hacer en la vida y hacia dónde se dirige, automáticamente produce una visión, una confianza y una seguridad que son contagiosas.

Pero eso no es todo lo necesario para poder tener una personalidad magnética. También hay que desarrollar buenas relaciones con las personas que nos rodean. Hay que ver las cosas desde el punto de vista de los demás y llevarse bien con la gente.

Usted puede ser una persona bien exitosa económicamente y en el aspecto familiar; pero si usted no tiene la capacidad de llevarse bien con la gente y tener armonía, no va a poder disfrutar de su éxito.

Los líderes deben identificar estrategias específicas para mejorar las relaciones con la gente que los rodea. Deben establecer estrategias para poder realizar mejor su trabajo y para desarrollarse en la comunidad. Mantener la armonía no es fácil, porque la gente no está adiestrada para vivir en armonía. Ya hemos visto que, por lo general, hemos sido adiestrados negativamente. Parece que siempre andamos buscándole las cinco patas al gato.

Si una persona tiene éxito, muchas veces eso le molesta al vecino, al amigo o al compañero de trabajo. ¿Sabe qué? Debemos empezar a gozarnos del éxito de la gente. Tenemos que empezar a conocer las necesidades de las personas y ayudarles a satisfacer esas necesidades. En ese aspecto la comunicación es muy importante.

Usted desarrolla una capacidad magnética si sabe comunicarse con los demás y si sabe escuchar. Y no se trata sólo de comunicación verbal. Nuestra comunicación no verbal juega un papel importantísimo ya que sólo el siete por ciento de nuestra comunicación es verbal. El treinta y ocho por ciento de la comunicación se hace mediante el tono de voz, y la parte emocional de la comunicación es del cincuenta y cinco por ciento.

Cuando usted se encuentra con alguien que no ha visto en mucho tiempo, se alegra de verlo, y tal vez diga: "Muchacho, ¡cuánto tiempo hace que no te veía! Son veinticinco años desde que estábamos en la escuela, ¿verdad? ¡Qué gusto me da verte otra vez!" Ese saludo expresa un sentimiento de satisfacción y de alegría. Su sonrisa, sus emociones y el tono de su voz trasmiten una comunicación no verbal. La sangre corre más rápido por sus venas y se ruboriza. Esas expresiones comunican más que las palabras.

También nos comunicamos mediante las expresiones de nuestro cuerpo. Un beso o un abrazo pueden comunicar muchísimo más que un gran discurso. Los factores artificiales, como la ropa, las joyas, el perfume o los espejuelos también son medios de comunicación.

Además hay una comunicación interna. Se trata de todas las horas de vida que tenemos grabadas en nuestro subconsciente. Nuestras referencias, nuestra historia, nuestras creencias . . . todos esos son recursos que usamos en la comunicación.

Digamos que usted tiene sólo treinta segundos para causar una buena impresión. Lo puede hacer mediante la forma en que camina, por medio de una sonrisa o una mirada, a través de la ropa o mediante las palabras que salen de su boca. Si usted pierde esos treinta segundos para causar una buena impresión, regularmente no va a tener una segunda oportunidad.

También tenemos la comunicación a través del sistema sensorial, o sea nuestra capacidad de ver, mirar, imaginar. Es la comunicación visual, mediante los colores: lo que es claro y lo que es oscuro. El ochenta y cinco por ciento de lo que entra a nuestro sistema sensorial entra por la vista. Los que disfrutamos de la bendición de poder mirar y ver, estamos siendo bombardeados con millones de anuncios de periódicos, de carteles y de televisión. Esa es una forma de comunicación.

Aun otra forma de comunicación es la auditiva. Recibimos muchísima información mediante el oído. A veces los ruidos son tal altos que afectan nuestros tímpanos y nos hacen sentir incómodos. Pero también hay otros sonidos, como la música bonita y suave, que nos comunica paz.

Como seres humanos, constantemente estamos comunicando algo o recibiendo alguna comunicación. Un aspecto vital de la comunicación es la capacidad de escuchar. Cuando usted está compartiendo algunos momentos con una persona es muy importante que escuche lo que le dice esa persona y que también recuerde lo que le dice. Debemos escuchar con efectividad y necesitamos tener la capacidad de despertar interés con los ojos. Hay que mirar a la persona, prestar atención, dar confianza.

Es importante que usted practique esto porque a las personas, por lo general, les fascina que las escuchen. A la gente le gusta que usted le preste atención. Usted presta atención mirándole a los ojos a una persona y confirmando que sí entiende lo que le están diciendo. Escuche con atención y concéntrese en lo que la persona le está comunicando; pero no se convierta en juez.

No juzgue a las personas por las apariencias. Muchas veces no nos gusta el color del cabello o la ropa de una persona y, por eso, inconscientemente, la rechazamos. La gente percibe eso. Si queremos tener una personalidad magnética, tenemos que aceptar a la gente como es, tenemos que ser abiertos y saber compartir nuestro tiempo.

— *No juzgue a las personas por las apariencias.* —

Al conversar con alguien, es importante que usted resuma lo que la otra persona le dice. Clarifique lo que le está diciendo. Le recomiendo que usted diga: "Lo que usted quiere decir es esto . . . Lo entiendo perfectamente. Déjeme consultarlo y le doy una llamadita. Voy a hacer la evaluación e inmediatamente me comunico con usted."

¿Tiene usted una personalidad magnética? Revise sus actitudes. Haga un autoexamen usando las preguntas y la información que sigue. Está basada en el modelo de una persona con actitudes positivas y el objetivo es ayudarle a usted a fortalecerse.

Haga una lista de las actitudes positivas que usted tiene. Siempre recomiendo que se haga la lista de las cosas positivas que uno tiene y también de las cosas que no son del completo agrado.

1. ¿Le gusta su persona? Yo estoy bastante satisfecho con mí mismo. He ido mejorando con los años, me he ido puliendo, he ido identificando mis debilidades; pero estoy satisfecho con mi persona. Creo que todavía tengo que mejorar, pero es un proceso de crecimiento.

2. ¿Da lo mejor de lo suyo en el trabajo? ¿Hace usted el mejor esfuerzo posible en la labor que está realizando y en los proyectos en los que está involucrado? Los estudios dicen que generalmente no damos ni el diez por ciento de nuestros talentos y nuestras capacidades para resolver los problemas que tenemos en nuestra empresa, en nuestro negocio o en otro centro de trabajo. Es importante que usted revise si usted está dando lo mejor de lo suyo en el trabajo.

3. ¿Tiene metas y se esfuerza para lograrlas? ¿Cuáles son sus metas para los próximos dos mil días? ¿Cuáles son sus metas en los aspectos físico, social y cultural? ¿Qué aspira en el aspecto familiar y económico? ¿Cuál es la contribución que quiere hacer en la comunidad y en su país? Identifique cuáles son sus metas, porque las metas le dan significado a la vida y cargan la batería para seguir adelante.

4. ¿Sabe diferenciar entre los problemas y las oportunidades? Muchas veces las personas que tienen una serie de problemas se concentran en los problemas, se desenfocan y no ven soluciones. Generalmente los problemas pueden ser oportunidades. Hay que evaluar si realmente son problemas o son oportunidades.

5. ¿Está usted abierto para aprender? ¿Le satisfacen las oportunidades que se le ofrecen para aprender? ¿Le gusta escuchar, estudiar, leer y analizar? ¿Está dispuesto a escuchar o sencillamente si no está de acuerdo con la idea cierra los canales de comunicación y dice: "Lo siento mucho, pero ya tengo mi punto de vista y no lo voy a cambiar"? Muchas veces ya tenemos prejuicios y opiniones preconcebidas y no estamos abiertos a ver otros puntos de vista. Eso nos afecta negativamente.

6. ¿Sabe usted tomar riesgos? Muchas veces tenemos temor de fracasar, nos intimida el ¿qué dirán? y no queremos tomar riesgos. No queremos cambiar nuestra vida por no arriesgarnos. Pues mire, "de los cobardes no se ha escrito nada". Yo digo que cuando hay muy poco que perder y mucho que ganar hay que intentarlo. ¿Cuál es su actitud en cuando a tomar riesgos?

7. *¿Sabe controlar sus sentimientos?* ¿Se le hace difícil controlar sus emociones? ¿Se incomoda a menudo? ¿Reacciona violentamente ante cualquier comentario? ¿Está usted usualmente de buen humor o está molesto e irritado? Es importante que sepa que por cada minuto negativo que usted pase necesita once minutos positivos para volver a la normalidad.

8. *¿Está disfrutando de la vida?* Ningún día que usted vive se repite. El día de hoy no se va a repetir. Volverá a ser lunes; pero ya será de otra semana, de otro mes, de otro año. Dios nos dio la vida para disfrutarla. ¿Está usted disfrutando de su vida, de su familia y de su trabajo? ¿Se siente contento y puede disfrutar de las decisiones que tiene que tomar? ¿Se siente feliz?

Si ha contestado afirmativamente a estas preguntas usted tiene una buena actitud. Si no las puede contestar afirmativamente, comience a tomar nota hoy de las cosas que tiene que mejorar para fortalecer su personalidad.

Le recomiendo que se prepare más. Usted puede ampliar sus conocimientos de muchas maneras. Suscríbase a revistas de su interés y lea libros para enriquecer sus conocimientos. Lea por lo menos un libro al mes. ¿Un libro al mes? Sí, un libro cada treinta días porque es una forma de enriquecerse y cargar las baterías.

Tal vez al principio necesite tres meses para leer un libro. Puede ser que en el primer año lea sólo tres o cuatro libros. No desespere sino siga leyendo. Va a enriquecer su vocabulario de una forma extraordinaria y, a la misma vez, va a enriquecer sus conocimientos. Puede ser que usted lea dos o tres libros simultáneamente, como en mi caso.

Participe en conferencias y seminarios. Busque gente especializada en el tema que usted quiere mejorar. Trátese del aspecto económico, las relaciones humanas, la administración del tiempo, asuntos de gerencia o comunicaciones, existen expertos que tienen programas ya establecidos a los cuales usted puede asistir para mejorar sus conocimientos.

Escuche casetes que le ayuden a expandir su visión. Recuerde que usted al escuchar aprende cinco veces más rápido que si estuviera leyendo. Por lo tanto, si usted asiste a conferencias, adquiera casetes sobre esas conferencias y escúchelos varias veces. Los mensajes quedarán grabados en su subconsciente y usted podrá practicarlos y compartirlos. Júntese con gente que tenga un enfoque positivo porque si se junta con gente de enfoque negativo se producirán resultados negativos.

Además, usted debe ser celoso y proteger su salud mental y la calidad de sus pensamientos. La gente que lo rodea debe ser positiva. Fíjese con quién está compartiendo su tiempo. No vaya a ser que sean personas que le estén quitando el gozo y la alegría de vivir, crecer y desarrollar.

Finalmente, establezca una buena relación con Dios. Tal vez usted se pregunta por qué hablo de Dios en todo esto. Pues, así como tenemos necesidades físicas también tenemos necesidades espirituales.

**Usted no podrá tener una personalidad magnética,
una personalidad que impacte,
hasta que no tenga una buena relación con Dios.**

Las necesidades físicas las resolvemos comiendo un plato de arroz y habichuelas o una hamburguesa y un refresco. Dormimos para cargar las baterías y nos levantamos al siguiente día con energías para seguir luchando.

Aparte de lo físico, está lo emocional. Las necesidades emocionales las satisfacemos al sentirnos amados y aceptados.

Las necesidades espirituales también tienen su importancia. Si no satisfacemos esas necesidades, no podemos tener un equilibrio en los aspectos emocionales y físicos. La Biblia dice que Dios puso eternidad en el corazón del hombre. Usted no quedará plenamente satisfecho hasta tener íntima comunión con Dios.

Usted no podrá tener una personalidad magnética, una personalidad que impacte, hasta que no tenga una buena relación con Dios. El desarrollo en el campo espiritual le da un equilibrio emocional, y el equilibrio emocional le da un equilibrio físico.

Estas reglas del juego no son invención mía. Están escritas en la Biblia y yo las he puesto a prueba durante más de veinte años. Conozco a muchísimas personas que también las han puesto a prueba y que las implementan a diario. Esas personas son ricas en calidad de vida, en actitudes, en pensamientos.

Evalúe su condición espiritual y todos los demás aspectos de su vida. Debemos evaluarnos diariamente, semanalmente, mensualmente . . . y anualmente. Cada día dedique diez minutos a la evaluación. Controle su calendario de trabajo y su lista de asuntos para el día, y evalúe en qué invirtió su tiempo. ¿Lo invirtió en cosas importantes? ¿en cosas urgentes que había que hacer hoy? ¿Lo invirtió en cosas vitales para el desarrollo de su vida?

Si usted revisa su calendario todos los días, pronto se dará cuenta de los aspectos en los cuales está desperdiciando el tiempo. Tendrá presente con qué tipo de personas está vinculado y cuáles son los proyectos que está desarrollando. Verá los asuntos que van quedando atrás y notará si se está desenfocando.

Además de la evaluación diaria, debe dedicar tiempo todas las semanas — preferiblemente durante el fin de semana — para ver si está alcanzando los objetivos que se ha propuesto. Necesita enfocar su atención en los objetivos de la próxima semana porque eso le dará una dinámica de dirección y de movimiento. Y a la gente le encanta trabajar con personas que están ocupadas, que saben lo que están haciendo y que llevan a cabo sus objetivos.

También hay que evaluarse mensualmente para ver cuáles fueron los logros durante el mes. Hay que definir cuál es el plan de acción para el mes siguiente. A los tres meses, debe revisar con su equipo de trabajo y con su familia cuáles fueron los logros durante esos tres meses. Pregúntese: "¿Qué no es perfecto todavía? ¿Qué necesita mejorar? ¿Cuál debe ser el plan de trabajo para los próximos tres meses?

Tanto en el trabajo como en el hogar hay que tener una visión en común. Debe definirse hacia dónde se dirige la empresa o la familia. Al hacer la evaluación, éstas son buenas preguntas:

- ¿Hacia dónde nos dirigimos?
- ¿Cuáles son los proyectos que hay que hacer?
- ¿Cuáles son los obstáculos que hay que identificar anticipadamente para no caer en crisis?
- ¿Cuál es nuestro presupuesto?
- ¿Quiénes tendrán vacaciones?
- Cuáles son las tareas importantes que hay que cumplir?
- A quién vamos a recibir en nuestra casa durante el próximo mes?

Cuando usted empieza a identificar trimestralmente lo que está sucediendo, va ampliando su visión de las cosas que hay que realizar. Le aseguro que el planificar anticipadamente le va a producir confianza y seguridad.

También hay que evaluarse semestralmente. Cada seis meses tomo vacaciones y dedico unos días para evaluarme. También hacemos una evaluación en familia. Mi esposa, mis hijos y yo hacemos juntos una evaluación. Nos preguntamos:

- ¿Cómo están las cosas en casa?
- ¿Qué cosas no son perfectas todavía?
- ¿En qué aspectos podemos mejorar?
- ¿Cómo están las notas de los niños?
- ¿Cómo vamos con la dieta?
- ¿Estamos haciendo ejercicios debidamente?
- ¿Cómo estamos en la parte espiritual?
- ¿Cómo estamos en la parte cultural y social?
- ¿Cómo está nuestra condición física?

Al evaluarnos y revisar dónde estamos y hacia dónde vamos, sentimos que somos un equipo. Eso nos hace sentir unidos, con los mismos objetivos y con una misma visión. Esa unidad de propósito produce fortaleza, paz y gozo.

Finalmente, cada vez que termina un año, hay que resumir

lo que pasó durante el año. Hay que ver cuáles fueron los logros, lo más lindo que pasó ese año y qué fue lo que revolucionó nuestra vida. Hay que fijarse en lo que todavía no es perfecto y lo que hay que mejorar para el próximo año.

La evaluación le ayuda a desarrollar su visión y contribuye a que tenga una personalidad magnética. Cuando usted sabe en qué dirección va y tiene una visión clara, usted comunica eso en su forma de comportarse, en su forma de caminar y en su forma de reaccionar emocionalmente. Y de esa manera puede motivar a la gente.

Una vez que usted sepa comunicarse con la gente — escuchar, conversar, entender —, y sepa ser humilde pero a la misma vez mantener su posición, tendrá una personalidad magnética. Usted ya tiene esa personalidad, aunque tal vez sea como un gigante dormido dentro de usted que quiere salir. ¡Déle oportunidad de salir!

12

RUMBO AL SIGLO VEINTIUNO

Estamos en la recta final. Pero antes de despedirme de usted quiero darle algunas herramientas más para que pueda cargar las baterías. Mi objetivo es ayudarle a reorganizar su vida para un nuevo comienzo. Hoy puede ser el primer día de su nueva vida. Lo único que se requiere es que usted crea que así es.

Debe tener una expectativa positiva para cambiar su estilo de vida. ¿Recuerda cuando era niño y quería un regalo? Usted tenía una expectativa positiva al esperar ese regalo, ¿no es así? ¿Recuerda cuando esperaba la llegada de un familiar muy querido? ¿O cuando esperaba que lo llevaran a pasear? Parece que con el transcurso de los años esas expectativas positivas se van muriendo y vamos desarrollando factores negativos que nos roban la capacidad de tener una expectativa positiva.

Ya le he recomendado que tenga un enfoque positivo al levantarse en la mañana. Condicione positivamente a su sistema nervioso; enfoque su atención en las cosas positivas y podrá pasar un buen día, aunque tenga que enfrentar circunstancias adversas.

Un elemento importantísimo para que pueda reorganizar su vida es el entusiasmo. Los griegos definen el entusiasmo como "tener a Dios dentro de nosotros". El entusiasmo comienza con un deseo ardiente; por ejemplo, cuando usted desea algo desesperadamente y está dispuesto a pagar el precio y a trabajar cualquier cantidad de horas para conseguirlo. Ese deseo ardiente produce entusiasmo.

También son importantes los conocimientos. Debe saber cómo va a hacer cierta cosa, y si no lo sabe, debe averiguar cómo hacerlo o buscar quién le ayude. El conocimiento, junto con el interés lo llevarán hacia el logro de sus metas.

Me fascina pasar tiempo con los niños, porque no hay nada más extraordinario que disfrutar del entusiasmo de ellos. Cuando mis hijos eran pequeños, el Papá Noel los visitaba y les traía juguetes. Nunca olvidaré con qué entusiasmo abrían los paquetes. Había alegría y expectativa. ¿Sabe una cosa? Ese entusiasmo se pierde con los años. Me gustaría que usted buscara dentro de sí la frescura de un niño y empezara a visualizar la vida que desea llevar.

La visualización es el puente entre el presente y el futuro. La visualización es la capacidad de ver lo que vamos a realizar. La visualización es la capacidad de identificar los obstáculos anticipadamente para pavimentar el camino y llegar a esos sueños que tenemos derecho a conquistar.

Si usted no está disfrutando de la vida como deseara hacerlo, sencillamente tiene que reorganizar su estrategia y establecer un compromiso para un nuevo comienzo. Pero para ese nuevo comienzo tiene que definir en qué persona se quiere convertir.

Si quiere producir un cambio profundo en su vida, tiene que tomar una decisión. Tiene que hacer un compromiso de lograr sus objetivos y descartar cualquier posibilidad de derrota o de desviarse en otro asunto que no sea lo que quiere alcanzar.

Si usted quiere convertirse en otra persona tiene que evaluar cada aspecto de su vida. En lo físico tiene que decidir qué actividad le gustaría realizar. Puede ser correr, caminar, montar bicicleta, practicar un deporte o cualquier otro ejercicio. Quizás desea mejorar su salud, reducir de peso o controlar sus tensiones. Debe hacerse un chequeo físico y luego tomar acción para llevar a cabo los cambios necesarios.

También es importante su estado emocional. Tiene que aprender a relajarse, meditar, orar. Debe saber controlar sus sentimientos y perdonar. Cuando le vienen pensamientos negativos o cuando tiene que enfrentar situaciones difíciles debe enfocar su atención en lo positivo. Cuando se libran esas batallas emocionales dentro de usted que le roban el sueño, ¿cómo puede vencer? Con determinación, confianza y fe.

La imagen personal es muy importante. Hay colores que realzan su personalidad. Descubra cuáles son esos colores y úselos. Póngase ropa que le quede bien y use un perfume agradable. Todo eso contribuirá a producir cambios positivos.

¿Quiere tener más energía? ¿Desea sentirse motivado, entusiasta y vigoroso? Usted puede generar esa energía positiva en sólo diez segundos si solicita refuerzos de su sistema nervioso. Concéntrese en lo positivo y verá los buenos resultados que tendrá.

> **Si usted no está disfrutando de la vida como deseara hacerlo, sencillamente tiene que reorganizar su estrategia y establecer un compromiso para un nuevo comienzo.**

En el aspecto educativo, ¿qué le gustaría estudiar? ¿Desea ampliar sus conocimientos en el campo de las relaciones humanas? ¿Le gustaría aprender otro idioma? Haga lo posible por seguir educándose.

¿Cómo le va en el aspecto familiar? ¿Hay buena comunicación entre los miembros de su familia? ¿Tiene usted el apoyo de su esposo o de su esposa en los proyectos que realiza? ¿Les dedica tiempo a sus hijos? ¿Participa en la educación de ellos? ¿Tiene establecido un programa de metas para la familia? ¿Trabajan juntos para lograr esas metas?

En el aspecto espiritual, ¿cómo está su relación con Dios? ¿Cómo es su visión de la vida? Es importante que usted defina cuáles son sus metas, porque no podrá hacer nada hasta que no tenga una visión clara de su vida. No podrá producir cambios si no sabe hacia dónde quiere ir.

Cuando defina los objetivos debe clasificarlos. Clasifíquelos en relación a su trabajo y a su familia, y según estos aspectos: social, cultural, profesional y económico. Haga un inventario de las cosas positivas que usted posee y de las que desea mejorar.

Tenga a mano un papel y trace una línea por el medio. Anote en una columna las cosas positivas que ve en su familia y en la otra columna las cosas que deben mejorar. Tome otro papel y trace también una línea por el medio. Anote allí las cosas positivas en su vida profesional y también las cosas que tiene que mejorar. Y haga lo mismo en lo referente al aspecto económico.

Cuando usted se evalúa y hace un inventario de las cosas positivas que posee y las que debe mejorar, es como si se tomara una radiografía. Usted puede ver su situación actual y definir en qué persona se quiere convertir. Y sabrá cuáles son los cambios que debe realizar para convertirse en la persona que desea ser.

Es muy importante que usted establezca un plan de acción para este año y para los próximos cinco años. ¿Qué quiere lograr en la vida? ¿Qué será en los próximos cinco años? ¿En qué se va a convertir? ¿Qué poseerá y de cuánto valor será su vida?

¿Qué valor se da usted a sí mismo? Si usted no se sabe valorizar nadie lo va a valorizar. Pero una vez que identifique eso, puede comenzar a poner por obra su plan de trabajo. Hay seis pasos que debe dar para lograr sus metas:

1. Escriba las metas que quiere alcanzar. Visualice exactamente lo que usted quiere realizar.

2. Establezca una fecha para cada meta. Decida si será dentro de tres meses, seis meses, un año o cinco años.

3. Visualice el proceso para alcanzar sus metas. Visualizar es ver lo que uno quiere lograr y darse cuenta por qué no lo tiene todavía.

4. Identifique anticipadamente los obstáculos. Atrévase a enfrentarse a su sueño e identifique lo que se está interponiendo en la consecución de sus metas.

5. Haga una campaña de afirmación. La afirmación le sirve de refuerzo. Diga: "Estoy mejorando mi calidad de vida. Soy un excelente padre; tengo una buena comunicación con mis hijos; estoy aumentando mis ingresos; estoy supliendo mis necesidades." Las afirmaciones lo motivan a seguir luchando y alimentan la visualización del sueño que usted quiere realizar.

6. *No pierda de vista sus metas.* Siga en pie de lucha y no se dé por vencido. Tenga la confianza de que usted puede lograr las metas que se ha propuesto.

En mis viajes a distintas ciudades de los Estados Unidos, el Caribe y Latinoamérica he notado que uno de los factores que impiden que la gente produzca cambio es su situación económica. Muchos me dicen: "J. R., quiero cambiar. Yo sé que puedo; pero mis problemas económicos son muy grandes. Son tan difíciles que no puedo producir el cambio que deseo." Yo les digo no se preocupen porque miles de personas que han participado en mis seminarios sobre finanzas han cambiado su vida.

El problema es que no nos enseñaron a tomar decisiones económicas. Según las estadísticas, en los Estados Unidos cerca del cuarenta por ciento de las personas mayores de sesenta y cinco años no tienen los recursos necesarios para vivir, a pesar de que trabajaron de treinta a cuarenta años.

Hay muchos ancianos que trabajaron toda su vida; pero, lamentablemente, no planificaron sus asuntos económicos. Tengo unas preguntas sencillas para usted: "¿Cuánto dinero ha ganado en la última década? ¿Dónde está ese dinero? ¿Qué ha hecho con ese dinero? ¿Lo tiene en el banco?"

El censo federal de los Estados Unidos dice que los hispanos en este país somos más pobres que en los años ochenta y que seremos mucho más pobres para el año dos mil. ¿Por qué? Porque no se nos ha enseñado a administrar nuestro dinero. Le tenemos miedo a ese tema; nos han acondicionado a pensar que ese tema es para gente que ha estudiado mucho.

La información económica ha estado guardada para los bancos, las compañías de inversiones y de seguros, y los millonarios que pueden pagar a consultores que les den estrategias para que puedan aumentar aún más sus millones. Lamentablemente, la gran mayoría no ha sido adiestrada para rehabilitar su economía. Eso es importante porque la calidad de vida y el cambio tiene una relación directa con el desarrollo económico de una persona.

Para mejorar su estado económico, usted tiene que estar

dispuesto a aprender, a estudiar, a buscar ayuda y a identificar un plan de acción. Necesita reducir sus costos operacionales, lo cual le puede parecer complicado; pero no es muy complicado.

Digamos que usted va a comprar una nevera a una tienda. Inmediatamente ve que esa nevera es extraordinaria, que tiene dos años de garantía y que cuesta mil dólares. El vendedor le ofrece un plan de financiamiento y le dice que sólo tiene que pagar cincuenta dólares al mes; pero no le dice que le van a incluir un seguro de crédito. Ese seguro es para que si usted se muere, la nevera quede pagada, como si usted necesitara una nevera en el cielo. También le ofrecen un seguro de garantía extendida. Eso significa que usted va a estar pagando desde hoy el seguro pero no lo va a poder utilizar hasta que no pase la garantía que ofrece la fábrica. Ese es un seguro que usted en realidad no necesita.

Hablemos ahora de los seguros de automóvil. Revise la póliza y vea que incluye un sinnúmero de cosas que no necesitamos. Muchas veces incluye hasta gastos médicos. Si usted tiene un plan de seguro médico no necesita eso. Las compañías incluyen muchas cosas que no son indispensables, cosas que la ley no requiere, y que a usted le salen costando miles de dólares.

Cuando usted va a comprar una hipoteca, regularmente por cada cincuenta mil dólares que pide prestados a treinta años, tiene que pagar ochenta mil dólares en intereses. La casa que usted compre le va a costar más del doble en intereses.

Las tarjetas de crédito son muy engañadoras. Si no las usa con prudencia usted se va a endeudar tanto que no le va a ser posible pagar su deuda. Digamos que usted hace el pago mínimo en una tarjeta. ¿Sabe qué? Si su deuda es grande, lo único que está haciendo es pagar los intereses. Nunca se va a deshacer de su deuda. Esas tarjetas son las fábricas para hacer dinero de las instituciones financieras.

Le voy a poner también el ejemplo de la compra de un automóvil. Usted va y comprar un automóvil y piensa que es algo extraordinario. ¡Lo felicito! Los psiquiatras dicen que tener un auto nuevo es algo extraordinario; que revitaliza. Con su auto nuevo parece que ha ganado nuevas energías y se levanta muy contento cada mañana. Pero a los dos años usted quiere cambiar su auto. En el mercado el auto ha perdido un cincuenta por ciento de su valor; pero usted todavía debe gran cantidad. ¿Por qué tiene que comprarse un auto nuevo? Compre uno usado y deje que la depreciación la pague otro.

Usted tiene que abrir los ojos si realmente quiere producir un cambio en su vida. Y ese cambio tiene que incluir su desarrollo en el aspecto económico. Y para que no se quede sin nada en la vejez, empiece a desarrollar su programa de retiro. Miles de hispanos que se están jubilando hoy no tienen los recursos económicos para disfrutar de los últimos años de su vida.

Si desea tener una casa propia, empiece a prepararse económicamente para conseguir su casa. Verifique qué ayudas están dando las instituciones financieras y lo que ofrece el gobierno para que las personas de bajos recursos puedan tener su propia casa. Si usted tiene una propiedad está capitalizando; está usando el dinero de una institución para poder crear sus riquezas.

También es importante que usted aprenda a conocer el mundo de las inversiones. ¿Dónde puede duplicar su dinero? No se puede duplicar el dinero poniéndolo en el banco. Allí pagan muy poco interés. Con los intereses de hoy tomaría veintiséis años convertir mil dólares en dos mil dólares. Averigüe dónde están invirtiendo las personas de éxito e invierta usted también en esas corporaciones. Identifique las reglas de juego para que pueda ampliar sus recursos económicos.

Tal vez usted ha pagado un precio muy alto por falta de conocimiento y por falta de planificación. Hay miles de personas que llegan hasta la quiebra por no haber reorganizado y planificado su economía. ¿Le ha costado miles de dólares el no establecer su estrategia? No se sienta mal, porque hay muchas otras personas que han pagado ese mismo precio, que han sido víctimas de instituciones financieras. Los secretos para el buen manejo del dinero han estado guardados y no han llegado a las escuelas y las universidades.

Deseo ayudarle a producir un cambio profundo. Tal vez lo que usted tiene que hacer para aumentar sus ingresos es establecer un pequeño negocio. Analice qué habilidad tiene que puede desarrollar y dónde puede vender su talento. Puede ser un negocio de distribución directa, como de productos de belleza. O, si tiene recursos económicos, puede montar un negocio. Las personas que conozco que han tenido éxito son las que se han lanzado a abrir un negocio. Hay muchas ventajas cuando uno tiene su propio negocio.

Empiece a analizar cómo usted pudiera desarrollar su propio negocio. No necesita miles de dólares para eso. Lo que necesita es el compromiso de producir el cambio y de identificar una oportunidad. Nuestra compañía está disponible para ayudarle. Si quiere recibir más información sobre cómo mejorar su economía, me puede llamar por teléfono o escribirme.

Pida información porque hay que educarse. No podemos seguir pagando el precio de la ignorancia económica. Eso nos está llevando a una frustración, a una desilusión en la vida. Yo estoy comprometido a identificar los recursos disponibles para ponerlos a la disposición de nuestra gente.

Vamos rumbo al siglo veintiuno. Entremos al nuevo siglo comprometidos a convertirnos en las personas que aspiramos ser, comprometidos a realizar nuestros sueños. Decidamos producir los cambios necesarios para convertirnos en personas optimistas y entusiastas; personas dispuestas a seguir en pie de lucha y en victoria.

Tel. 407-294-9038
P.O. Box 617221
Orlando, FL 32861

RECONOCIMIENTO

Este trabajo es el producto de muchas experiencias que comenzaron en la década de los años ochenta al visitar empresas, agencias de gobierno, escuelas, iglesias y cárceles. Pude llevarles el mensaje a cientos de miles de personas de que "somos los arquitectos y los diseñadores de nuestra vida". Nuestro futuro es el resultado de las decisiones que tomamos hoy, y lo que somos hoy es el resultado de las decisiones que tomamos en el pasado.

Esta obra culmina en la década de los años noventa, después de varios años de visitar más de treinta ciudades anualmente y de dar conferencias a hispanos de diferentes nacionalidades, de todos los niveles sociales y con diferentes creencias, pero con un mismo sueño de pavimentar el camino para que las próximas generaciones puedan disfrutar una calidad de vida como ciudadanos de primera categoría.

Doy gracias a los cientos de personas que me respaldaron en este proyecto. Experimento un sentido de gratitud por el apoyo que nos dio nuestra gente, en especial mi esposa Candy y mis hijos José y Pablo. Les agradezco por respaldarme en mi trabajo, en mis viajes y en mis compromisos fuera del hogar.

A todos los participantes de mis seminarios: Ustedes pidieron que mi mensaje se publicara y he cumplido la misión.

Quiero agradecer a Editorial Vida, a su equipo de trabajo y, especialmente, al doctor Vern Peterson, director de publicaciones, que atendió mi petición y trabajó con entusiasmo y compromiso para que esta obra saliera a tiempo.

Por último, quiero dar gracias a Dios por darme la sabiduría, la visión y la vocación de servir a nuestra gente.

SINDROME
STUAGOR WEBER

SINDROME NEFROTICO